Dirk Schäfer

„Darum machen wir das..."

Pflegeeltern von Kindern mit Behinderung -

Deutungsmuster und Bewältigungsstrategien

ZPE-Schriftenreihe Nr. 28

Dirk Schäfer
„Darum machen wir das..."
Pflegeeltern von Kindern mit Behinderung
Deutungsmuster und Bewältigungsstrategien

Zentrum für Planung und Evaluation Sozialer Dienste
der Universität Siegen (Hrsg.)
1. Auflage
Siegen, 2011
ZPE-Schriftenreihe Nr. 28

ISBN: 978-3-934963-25-2

Universität Siegen
Zentrum für Planung und Evaluation Sozialer Dienste
Adolf-Reichweinstr. 2
57076 Siegen

Tel: 0271-740-2706
Fax: 0271-740-2228

Internet: www.zpe.uni-siegen.de
E-Mail: sekretariat@zpe.uni-siegen.de

Siegen, Januar 2011

Einen detaillierten Überblick zum Forschungsprojekt sowie weitere Ergebnisse und Veranstaltungshinweise zum Thema finden Sie im Internet unter: www.uni-siegen.de/ressource-pflegeeltern

Danksagung

An dieser Stelle möchte ich den Menschen danken, die mich bei der Entstehung der Arbeit auf unterschiedliche Art und Weise unterstützt haben. Für mich war und ist es sehr schön und beruhigend festzustellen, dass mein eigener Belastungs- und Ressourcenhaushalt durch ein starkes berufliches und privates Netzwerk gestützt wird.

Zuerst möchte ich mich bei den Pflegeeltern bedanken, die sich bereit erklärt haben, mir sehr persönliche Einblicke in ihr Leben zu gewährleisten. Ohne diese Bereitschaft hätte die Arbeit in dieser Form nicht entstehen können. Ihnen und ihren Familien wünsche ich von ganzem Herzen alles Gute.

Ein weiterer Dank gilt den MitarbeiterInnen des zentralen Fachdienstes zur Betreuung von Pflegekindern mit chronischen Erkrankungen und Behinderungen der Diakonie Düsseldorf. Herausstellen möchte ich hier die hervorragende Organisation der Kontaktgestaltung zu den Pflegeeltern, das breite Interesse an meiner Arbeit, die intensiven fachlichen Diskussionen und die von hoher Wertschätzung geprägte Umgangskultur.

Besonders dankbar bin ich Professor Dr. Klaus Wolf, der es wie kein anderer versteht in der gemeinsamen Arbeit rote Fäden und Synergieeffekte zu entwickeln. Darüber hinaus stand er mir in jeder Phase dieser Arbeit als kompetenter und ermutigender Ansprechpartner zur Verfügung.

Dr. Johannes Schädler möchte ich für seine fachlichen Ratschläge und seine beruhigenden Rückmeldungen danken.

Meinen Kolleginnen und Kollegen aus der Forschungsgruppe Pflegekinder der Universität Siegen danke ich ebenfalls herzlich. Die Kombination aus fachlich niveauvollen Debatten und einem stets kollegialen Miteinander bieten eine äußerst anregende Arbeitsgrundlage.

Bei Mona Scholz bedanke ich mich für ihre tatkräftige Unterstützung bei den aufwändigen Transkriptionen und Kategorisierungsschritten.

Ein ganz herzliches Dankeschön an Alex, Andy, Anna, Inga, Jan, Judith, Kerstin, Malte, Mona, Silvia und Yvonne, die mir durch diverse Korrekturschleifen geholfen haben, fachliche und sprachliche Fehler sowie missverständliche Formulierungen zu vermeiden.

Vielen Dank auch meiner lieben Familie für ihr Interesse an meiner Arbeit und ihr Verständnis für meine begrenzten zeitlichen Ressourcen.

Zuletzt danke ich Anna aus tiefstem Herzen dafür, dass sie mir Freiräume geschaffen und mich in schlechten Phasen aufgefangen hat. Die zurückliegenden arbeitsintensiven Monate gemeinsam zu bewältigen und mir ihrer Unterstützung sicher sein zu können, war eine große Erleichterung.

Vorwort

Menschen in unserer Zeit und in unserer Gesellschaft sehen sich oft in einer besonderen Verantwortung das, was sie tun und auch das, was sie sich an Belastungen zumuten, vor sich selbst zu rechtfertigen. Sie können sich ihr Glück oder Unglück weniger als vielleicht Menschen zu anderen Zeiten als ein Schicksal erklären, das sie nicht beeinflussen können und dem sie ausgeliefert sind. Sie können und müssen sich eher als Akteure ihres Lebens verstehen, die Entscheidungen treffen, für sich selbst verantwortlich sind und die sich die Folgen der Wahl, die sie getroffen haben, zuschreiben.

Das gilt auch für Pflegeeltern, schon alleine deswegen, weil sie als Menschen in unserer Zeit beeinflusst sind von solchen Gefühls- und Denkmustern – wie alle anderen auch. Es gilt aber für sie zusätzlich in besonderer Weise, weil sie sich aktiv entschieden haben, ein Pflegekind aufzunehmen. Bei ihnen ist die Familienplanung fast idealtypisch ein Planungs-, Vorbereitungs-, Bewerbungs-, und Entscheidungsprozess. Sie lösen Verwaltungsakte aus und unterschreiben Dokumente bevor das Kind bei ihnen ist und hätten es auf jeder Stufe des Prozesses ganz leicht verhindern und sich anders entscheiden können.

Für Pflegeeltern, die ein Kind mit Handicap aufnehmen, gilt das noch einmal in einer anderen Weise: Warum ausgerechnet ein Kind mit schweren Behinderungen, vielleicht mit begrenzter Lebenserwartung aufnehmen? Das fragen nicht nur andere, sondern darauf müssen sie auch vor sich selbst eine Antwort finden und diese Antwort immer wieder weiterentwickeln. Wie machen sie das? Was erschwert es ihnen und was macht es leichter? Wie entstehen stabile Antworten und wo können sie erodieren und vielleicht sogar zusammenbrechen?

Dirk Schäfer – ein wichtiges Mitglied der Forschungsgruppe Pflegekinder an der Universität Siegen – hat in seiner Diplompädagogik Abschlussarbeit untersucht, mit welchen Belastungen und Aufgaben und welchen personalen und sozialen Ressourcen solche Bewältigungsprozesse ablaufen. Er tut dies in einer ausführlichen Einzelfallstudie, auf der Basis von Interviews mit einer Pflegemutter und einem Pflegevater.

In Forschungsmethoden Unerfahrene fragen manchmal: Ist das denn überhaupt repräsentativ? Ein ausführlich analysierter Fall soll für alle Pflegemütter und Pflegemütter stehen? Das ist offensichtlich abwegig. Der Autor hat ganz besondere Pflegeeltern befragt, eindrucksvolle Menschen, die sich manchmal verblüffende Lösungen einfallen lassen, echte Originale. Deren Bewältigungsversuche werden herausgearbeitet.

Hier geht es darum, einen Einzelfall exemplarisch in seinen sehr differenzierten Facetten zu analysieren, theoretische Kategorien zu entwickeln, mit denen die dort beobachteten Phänomene erklärt werden können und dafür passende Begriffe zu finden. Diese können dann für das Verstehen auch anderer Fälle verwendet werden. Auf diese Weise ragend die Ergebnisse weit über den untersuchten Fall hinaus: Sie liefern Theorie gestützte Perspektiven, begriffliche Werkzeuge und lenken die Aufmerksamkeit auf Zusammenhänge, die im Allgemeinen relevant sind.

Zur Frage, was Pflegeeltern brauchen, gibt es alle möglichen Aussagen: Erfahrungsberichte, interessengeleitete Statements, steile Thesen und manchmal gut begründete Forderungen. Wir empfehlen zur Beantwortung der Fragen auch hier, ein empirisch abgesichertes, überprüfbares Vorgehen, kurz die realistische Wende auch in der erziehungswissenschaftlichen Forschung zu Pflegefamilien, die Beantwortung strittiger Fragen auf der Basis empirischer Ergebnisse.

Der explorative Zugang von Dirk Schäfer ermöglicht es, an Stelle der Vermessung und Bewertung von Motivationen – insbesondere auch statt einer Pathologisierung von Motiven – einen zunächst ethnografischen Blick einzunehmen: Wie machen die Menschen es? Wie entwickeln sie ihre individuellen Sinnkonstruktionen? Was gewinnen sie dabei, welchen Aufwand müssen sie dafür treiben?

Der analysierende Zugang, der hier entwickelt wurde, nimmt die subjektive Seite dieser Prozesse der Bewältigung und der Hilfeproduktion in den Blick. So wird deutlich, wie sie in einem Geflecht von Einflussfaktoren stattfinden und welche Wechselwirkungen wichtig sind. Die Komplexität wird zugänglich. So komplex die Zusammenhänge sind – wenn wir zielgerichtet handeln und gut verstehen wollen, müssen wir uns ihr aussetzen. Das geschieht in dieser Arbeit in einer lebendigen Sprache mit eindrucksvollen Beispielen, also gar nicht mühsam für die Leser.

Die Bedeutung der so gewonnenen Antworten für die Praxis liegt nahe: Welche Dienstleistungen kann ein leistungsfähiger Dienst den Pflegeeltern bei dieser und für diese schwierige und anspruchsvolle Arbeit anbieten? Damit lassen sich Qualitätskriterien von Diensten begründen: Was habt ihr zu bieten? Welchen Nutzen haben die Menschen?

Außerdem lässt sich der hier entwickelte Zugang auch über Phänomene von Pflegeeltern hinaus anwenden. Auch andere Eltern entwickeln Sinnkonstruktionen und können in Situationen kommen, in denen sie den Sinn verlieren und wiedergewinnen müssen. Das ist ebenfalls ein Anspruch von Forschung: Die untersuchten Fragestellungen und die Ergebnisse in einem allgemeineren Rahmen zu betrachten und anschlussfähig zu machen. In dieser Lesart liefert die Untersuchung auch Anregungen für Themen, die sich nicht auf Pflegefamilien beziehen, sondern auf Menschen, die andere betreuen oder erziehen.

Schließlich führt der Autor vor, wie eine Diplomarbeit so angelegt werden kann, dass der weitere Forschungsprozess zur Promotion bereits mitgedacht ist. Für die Entwicklung solcher langen Linien werben wir bei ambitionierten Studentinnen und Studenten sehr. Interessierte finden hier ein anregendes Beispiel. Ich freue mich schon heute auf das, was von diesem Autor auch in Zukunft veröffentlicht werden wird.

Prof. Dr. Klaus Wolf, Januar 2011

Einleitung

Auf den folgenden Seiten wird die Einbettung dieser Veröffentlichung in das Forschungsprojekt „Ressource Pflegeeltern" erläutert und eine Reihe der für die Entstehung dieser Arbeit relevanten Entscheidungsprozesse skizziert. Nachfolgend werde ich den Aufbau der Arbeit beschreiben. Abschließend werden die Ziele der Untersuchung festgelegt.

Das Forschungsprojekt „Ressource Pflegeeltern"[1] wurde unter der Leitung von Prof. Dr. Klaus Wolf an der Universität Siegen entwickelt und wird in Kooperation mit dem „Zentralen Fachdienst für die Betreuung von Pflegekindern mit chronischen Erkrankungen und Behinderungen"[2] der Diakonie Düsseldorf umgesetzt. Die Laufzeit des Projektes beträgt zwei Jahre und ist mit einer halben wissenschaftlichen Mitarbeiterstelle ausgestattet.

Als verantwortlicher Projektmitarbeiter war ich an den Entwicklungsprozessen beteiligt und bin gegenwärtig für die Organisation des Projektes sowie den Untersuchungsablauf zuständig.

Entscheidungsprozesse

Für die Bearbeitung musste ich einige wesentliche Entscheidungen treffen, die nachfolgend skizziert werden. Nach einer systematischen Unterteilung einzelner Arbeitsschritte und einer Fokussierung der nach meinem Eindruck wichtigsten und interessantesten Untersuchungsthemen, kam ich zu dem Ergebnis, dass der zeitliche und inhaltliche Rahmen einer einzelnen Qualifikationsarbeit für eine seriöse Bearbeitung nicht ausreicht. Daher habe ich mich entschieden, auf der Grundlage dieser Arbeit ein Dissertationsprojekt anzuschließen. Durch diese Entscheidung wurde es möglich, einige Arbeitsschritte vorzuziehen und andere in die Zukunft zu verschieben. Die Unterteilungen beziehen sich auf die Theoriegewinnung, den methodischen Zugang und die Analyseschritte der Untersuchung.

---

[1] http://www.uni-siegen.de/ressource-pflegeeltern; zugegriffen am 09.11.2010
[2] http://www.diakonie-duesseldorf.de/Pflegefamilien-fuer-behinderte-K.60.0.html; zugegriffen am 09.11.2010

Hier sei verwiesen auf die Reihenfolge der Bearbeitung
(a = vorliegende Veröffentlichung; b = geplante Dissertation):[3]

1. a) Entwicklung eines statischen Modells
   b) Entwicklung eines dynamischen Modells

2. a) Verwendung qualitativer Daten
   b) Verwendung qualitativer und quantitativer Daten

3. a) Einzelfallanalyse anhand eines Fallbeispiels
   b) Erweiterung der Einzelfallanalyse durch die Kontrastierung mit weiteren Fallbeispielen

4. a) Bestimmung des zentralen theoretischen Begriffsapparates
   b) Erweiterung des Begriffsapparates sowie aktuellen Stand der Forschung zum Thema „Aufwachsen in Pflegefamilien"

Aufbau der Arbeit

Im ersten Teil werden die für diese Arbeit entscheidenden Begriffe definiert und theoretische Ansätze erläutert. Die Übereinkünfte dienen der inhaltlichen Auseinandersetzung für den weiteren Verlauf dieser Arbeit.

Der zweite Teil befasst sich mit dem Ablauf der empirischen Untersuchung. Dazu gehören die Entwicklung des Untersuchungsdesigns, Beschreibungen zu einzelnen Untersuchungsphasen und zur Erstellung der Transkriptionen sowie die abschließende Darstellung des Auswertungsverfahrens.

Im dritten Teil der Arbeit werden die Untersuchungsergebnisse präsentiert. Nach einer Kennzeichnung von Reichweite und Grenzen der Ergebnisse wird die Pflegefamilie vorgestellt, auf deren Geschichte sich die Untersuchung bezieht. Anschließend erfolgt die Entfaltung des entwickelten Kategoriensystems.

Im letzten Teil werden einige ausgewählte Untersuchungsergebnisse diskutiert und ein Ausblick auf das geplante Dissertationsprojekt und die damit verbundenen nächsten Arbeitsschritte gegeben.

---

[3] vgl. Kapitel 4.2: Ausblick auf die Dissertation

Ziele der Arbeit

Das grundlegende Ziel dieser Arbeit liegt darin, die Wissensbestände zum Auf-wachsen in Pflegefamilien zu erweitern. Im Speziellen geht es um die Sichtwei-sen von Pflegemüttern und Pflegevätern, die in ihrer Familie mindestens ein Pflegekind mit einer Behinderung und/oder einer chronischen Erkrankung betreuen. Die Untersuchung bezieht sich somit auf eine spezifische Gruppe von Pflegeeltern. Im Laufe der Arbeit wird anhand eines Einzelfalls ein Kategorien-system zur Erfassung der Ressourcen und Belastungen von Pflegeeltern ent-wickelt. Das Kategoriensystem muss mit Blick auf die geplante Erweiterung durch zukünftige kontrastiv ausgewählte Einzelfälle dem Anspruch gerecht werden, anpassungsfähig und modifizierbar zu sein. Besonders vielverspre-chend ist die systematische Analyse von Belastungen und Ressourcen aus zwei Gründen: Zum einen erfolgt dadurch eine grundlegende qualitative Vermes-sung des Untersuchungsfeldes (Wissensproduktion) und zum anderen lässt sich die Anschlussfähigkeit der Ergebnisse für die Weiterentwicklung sozial-pädagogischer Praxis erwarten (Praxisentwicklung).

Teil 1: Die zentralen theoretischen Begriffe

Nachfolgend werden die zentralen theoretischen Begriffe und Theorien eingeführt, die für die weiteren Teile dieser Arbeit benötigt werden. Dabei geht es um die Entwicklung eines präzisen Begriffsapparates, der geeignet ist, die später folgenden Untersuchungsergebnisse zu beschreiben und zu diskutieren.

1.1   Zum Begriff der Ressourcen

Bevor der folgende Abschnitt die Theorie der Belastungs-Ressourcen-Balance vorstellt, werden einige allgemeine Hinweise zum Ressourcenbegriff innerhalb der Sozialen Arbeit festgehalten. Der Ressourcenbegriff erscheint nach zuweilen inflationärem Gebrauch noch immer modern, obwohl er nichts Neues, sondern einige der ältesten Aufgaben der Sozialen Arbeit beschreibt: Das Bereitstellen diverser Unterstützungsleistungen in allen erdenklichen, von Belastungen gekennzeichneten Lebenslagen. Das wertet den Begriff keineswegs ab, denn die damit verbundenen Handlungskonzepte beinhaltet neben einer weitgreifenden inhaltlichen Vereinbarkeit unterschiedlicher Unterstützungsleistungen noch eine weitere Stärke – den Wandel von der Defizitorientierung zur Ressourcenorientierung. Die Soziale Arbeit stellt demzufolge nicht primär eine Mängelliste auf, aus der sich spezifische Interventions- und Korrekturprogramme ableiten lassen – sondern sie betrachtet äußerst sorgfältig, welche Potentiale neben den vorhandenen Belastungen in einer Person oder in ihrem Umfeld zu finden sind. Die Soziale Arbeit kann auf der Grundlage einer Ressourcenorientierung neben Nachteilen auch Chancen, neben Schwächen auch Stärken, neben Rückschlägen auch Erfolge usw. erkennen. Dadurch wird es möglich, die Potentiale von belasteten Menschen zu erweitern, sie in individueller Form zu unterstützen und unter Berücksichtigung ihrer verfügbaren Ressourcen Hilfestellungen zu leisten. Auch wenn Theorie und Praxis der Sozialen Arbeit an dieser Stelle deutlich voneinander abweichen können, wird doch gerade im Ressourcenbegriff die enge Verzahnung beider Bereiche besonders deutlich: Theorie und Praxis sind aufgefordert, dazu beizutragen, die für bestimmte Lebens- und Problemsituationen notwendigen Ressourcen zu finden, fehlende Ressourcen zu ergänzen sowie vorhandene Ressourcen zu fördern und diese nutzbar zu machen.

1.2 Die Belastungs-Ressourcen-Balance

Die Ausrichtung der Untersuchung erfolgt auf der theoretischen Grundlage der Belastungs-Ressourcen-Balance.[4] Diese hat bereits für mehrere Arbeiten des Siegener Forschungsschwerpunktes zum „Aufwachsen in Pflegefamilien" eine kleine Traditionslinie vorzuweisen. Insbesondere der ertragreiche Zugang in den bis vor wenigen Jahren noch vernachlässigten Bereich der Pflegekinderforschung kann als Beispiel für die Tauglichkeit des Modells dienen.[5]
Bei der Theorie der Belastungs-Ressourcen-Balance handelt es sich um ein theoretisches, aber praxistaugliches Modell für die Soziale Arbeit. Das Modell der Belastungs-Ressourcen-Balance bietet laut Klaus Wolf (2007) die Möglichkeit, einen spezifisch sozialpädagogischen Blick auf „Menschen in ihren Lebensverhältnissen und vor dem Hintergrund ihrer kollektiven und individuellen Biographien" zu richten.[6]

Das Modell steht dabei in einem engen Verhältnis zu einigen Ideen der Resilienzforschung:[7]

- Warum besitzen manche Menschen eine starke Widerstandsfähigkeit gegenüber schwierigen Lebenssituationen?
- Wie gelingt es, diese Fähigkeiten aufzubauen und zu fördern?

Die Belastungs-Ressourcen-Balance kann verstanden werden als ein Instrument zur Beschreibung und Analyse von Prozessen, die die Relation von Belastungen und Ressourcen im Leben eines Menschen beeinflussen. Nachfolgend werden die drei zentralen Annahmen nach Wolf (2003) vorgestellt, die das Modell und die Bedeutung eines grundsätzlich „sozialpädagogischen Blick[es] auf Probleme" kennzeichnen:[8]

---

[4] vgl. Wolf 2007
[5] Eine Übersicht der aktuellen Forschungsprojekte, die im Rahmen des Forschungsschwerpunktes „Aufwachsen in Pflegefamilien" durchgeführt werden und wurden, findet sich unter folgendem Link: http://www.uni-siegen.de/pflegekinder-forschung/forschungsprojekte.html; zugegriffen am 09.11.2010. Eine dazugehörige Liste von Veröffentlichungen, die im Rahmen dieser Projekte bisher entstanden sind, findet sich unter folgendem Link: http://www.uni-siegen.de/pflegekinder-forschung/literatur.html; zugegriffen am 09.11.2010
[6] Wolf 2007 (S.281)
[7] weiterführende Literatur zur Resilienz:
grundlegend: Werner 1971; Sekundärliteratur: Wustmann 2008
[8] Wolf 2003 (S.93)

1. Unterschiedliche Menschen müssen unterschiedliche Probleme bewältigen.

Bedeutsam für die Betrachtung dieser These ist, dass es nicht um das Lösen, sondern das Bewältigen von Problemen geht. „Die Lösung eines Problems ist eine Form der Bewältigung".[9] Das bedeutet, dass unterschiedliche Personen ihre Probleme auf verschiedenen Wegen bewältigen können. So kann als Bewältigung eines Problems beispielsweise auch das Verdrängen oder das Umdeuten in ein weniger belastendes Problem gelten. Darüber hinaus kann nicht nur der Umgang mit Problemen unterschiedlich sein, sondern auch die Probleme selbst, die Menschen zu bewältigen haben, können voneinander abweichen. Gründe dafür sieht Wolf beispielsweise in der ungleichen Verteilung materieller Güter sowie im frühen Erleben extremer Lebenserfahrungen. Diese biographischen Erfahrungen können bei der einen Person Belastungen auslösen, die bei anderen Menschen und anderem biographischen Hintergrund keineswegs entstehen müssen. An dieser Stelle wird deutlich, wie wichtig spezifische, rekonstruktiv erarbeitete Zugänge für professionelle Unterstützungssysteme und ihre Mitarbeiter sind, um sich individuelle Problemlagen hinreichend genau vorstellen zu können, die die Grenzen der eigenen Lebenserfahrungen überschreiten.[10]

2. Für die Bewältigung benötigen die Menschen Ressourcen sehr unterschiedlicher Art.

Für die Bewältigung eines Problems ist demnach relevant, ob der betreffenden Person die notwendigen Ressourcen zur Verfügung stehen. Möglicherweise weichen jedoch die verfügbaren Ressourcen von jenen ab, die sie zur Problembewältigung benötigt würden. In einer solch ungünstigen Belastungs-Ressourcen-Konstellation würde das entsprechende Problem zu diesem Zeitpunkt als nicht bewältigbar erlebt. „Erst fehlende Ressourcen [...] machen das Problem zu einem Problem."[11]

Wolf benennt eine Reihe von Ressourcen, die bei der Bewältigung von Problemen grundsätzlich nützlich sein können:[12]

---

[9] ebd. (S. 94)
[10] vgl. Wolf, Reimer 2008 (S.226)
[11] Wolf 2003 (S.95)
[12] vgl. Wolf 2007 (S.287)

- materielle Güter wie Geld, eine bessere Wohnsituation, finanzielle Reserven, etc.
- Orientierungsmittel (Zugang zu Wissensvorräten und Informationen)
- Verfügbarkeit von erfolgversprechenden Strategien
- Kenntnisse über die in einer Gesellschaft wichtigen Deutungsmuster
- dichte persönliche Beziehungen, private Netzwerke, Zugang zu Hilfsangeboten im Sozialraum
- ermutigende Lebenserfahrungen
- der Zugang zu Menschen, die als Identifikationsfiguren dienen oder Rollenmodelle bieten können

Eine ungleiche Verteilung der Ressourcen kann dazu führen, dass einige Menschen Probleme bewältigen können, an denen andere Personen scheitern. Belastungen und Ressourcen sind in einem engen Zusammenhang zu betrachten. Belastungen, denen Menschen ausgesetzt sind, haben nicht dieselben Auswirkungen, sondern werden wegen individueller Erfahrungen unterschiedlich verstanden und bearbeitet. Ebenso führen Ressourcen für sich genommen nicht zu positiven Effekten, wenn sie nicht zuvor als solche erkannt und nutzbar gemacht worden sind. „Ihre Wirksamkeit wird durch die Passung mit den Deutungsmustern und Strategien der Menschen beeinflusst."[13]

Wolf erklärt das Zusammenwirken von Belastungen und Ressourcen mit dem Begriff der „Balance",[14] weil dadurch

- nicht zwei isolierte Felder von Einflussfaktoren, sondern Relationen in den Blick genommen werden
- der Prozesscharakter des Aufeinander-Wirkens deutlich wird
- die Wahrnehmung auf die Interdependenzen (wechselseitige Abhängigkeiten) gelenkt wird
- Makro- und Mikroprozesse erfasst werden können
- historische Verknüpfungen möglich werden

3. Die Aufgabe der Sozialen Arbeit liegt darin, den Zugang zu fehlenden Ressourcen zu ermöglichen, selbst Ressourcen zu schaffen oder zur Verfügung zu stellen sowie den Zugang zu bestehenden Ressourcen zu erleichtern.

---

[13] ebd. (S.289)
[14] ebd. (S.289)

An dieser Stelle wird der bereits angesprochene Anwendungsbezug des Modells deutlich. Die Praxis Sozialer Arbeit soll „...die Ressourcen-Belastungs-Balance nicht nur [...] beschreiben und [...] analysieren, sondern sie [...] verändern. Die Frage an die Institutionen und die Fachkräfte ist dann: Was habt ihr zu bieten an besonderen, ansonsten knappen Ressourcen?"[15] Darüber hinaus wäre es wünschenswert, wenn es der Sozialen Arbeit gelingen würde, die Nutzbarkeit der vorhandenen Ressourcen einer Person zu erhöhen.

1.3   Deutungsmuster

Bei den nachfolgenden Ausführungen zum Deutungsmusterbegriff beziehe ich mich zu Beginn auf die Arbeiten von David Pensé (1994). Dieser liefert eine übersichtliche und konstruktiv-kritische Darstellung des Deutungsmusteransatzes.[16] Laut Pensé wurde der Deutungsmusteransatz von Hartmut Neuendorff und Charles Sabel in die breite sozialwissenschaftliche Diskussion eingeführt. Bedeutenden Einfluss hatte dabei auch Ulrich Oevermann (2001), dessen Arbeit „Zur Analyse der Struktur sozialer Deutungsmuster" aber fast drei Jahrzehnte später veröffentlicht wurde.[17] Unter Rückgriff auf Neuendorff und Sabel beschreibt Pensé, dass es sich bei sozialen Deutungsmustern um Argumentationszusammenhänge handelt, die nach allgemeinen Konsistenzregeln strukturiert sind und eine eigene Logik aufweisen.[18] Die entscheidende Perspektive liegt darin, die sozialen Deutungsmuster als funktionale Sinnsysteme zu verstehen, die Einstellungen, Äußerungen und Handlungsweisen von Individuen beeinflussen. Pensé betont: „Deutungsmuster sind nicht identisch mit Einstellungen und deshalb nicht abfragbar, sie stellen vielmehr darunter liegende Sinnstrukturen (Tiefenstrukturen des Bewusstseins) dar. Entscheidend ist der Versuch, die Rationalität (innere Logik) der subjektiv verwendeten, aber gesellschaftlich entstandenen Sinnstrukturen zu rekonstruieren."[19]

Vor dem Hintergrund eines soziologisch geprägten Diskurses scheint es nachvollziehbar, dass soziale Deutungsmuster nicht als individuelle Eigenschaften, sondern als gesellschaftliche Phänomene lebensweltlicher Kontexte und Interaktionssysteme definiert werden. Heinz Steinert (1972) verweist darauf, dass

---

[15] Wolf 1999 (S.292)
[16] vgl. Pensé 1994 (S.29f.)
[17] vgl. Oevermann 2001
[18] vgl. Pensé 1994 (S.29)
[19] Pensé 1994 (S.32)

soziale Bedingungen keine unpersönlichen Kräfte sind, sondern durch ein komplexes System von Interaktionen und deren Institutionalisierungen geschaffen werden.[20] Vor dem Hintergrund unbeständiger gesellschaftshistorischer Bedingungen betont Pensé die Notwendigkeit der Wandelbarkeit und Anpassungsfähigkeit von sozialen Deutungsmustern.[21]

Eine Übernahme der sozialen Deutungsmuster durch das Individuum erfolgt im Rahmen einer „sozialisatorischen Interaktion".[22] Je nach Entwicklungsstand des Individuums werden aus konkreten Handlungssituationen Generalisierungen vorgenommen (etwa: Nach meinen bisherigen Erfahrungen und Erlebnissen funktioniert die Welt so...).[23] Die Integration neuer Erfahrungen und Erlebnisse erfolgt somit immer vor dem Hintergrund der bereits im Individuum verankerten Generalisierungen und Überzeugungen. Dabei scheint für das Individuum die Notwendigkeit zu bestehen, neue Erfahrungen und Erlebnisse auf eine Weise zu interpretieren, die die eigene innere Sinnlogik erhält und nicht gefährdet (etwa: Nach meinen bisherigen Erfahrungen und Erlebnissen kann ich mir das nur so erklären...). Für die sozialen Deutungsmuster wird weiter betont, dass sie relativ resistent gegenüber Veränderungen hinsichtlich der individuellen Erfahrungswelt seien und stark von den objektiven Handlungsbedingungen (Gesellschaftsstruktur, psychosoziale Kompetenzen, etc.)[24] geprägt würden.[25] Steinert beschreibt diesen Prozess folgendermaßen: „Als prinzipiellen Vorgang bei der Anpassung individueller Definitionen an die [Definitionen] anderer kann man annehmen, dass man die Definition der Situation nur ändert, wenn auffällig wird, dass sie nicht stimmt. Solch auffälliges Nicht-Stimmen ergibt sich, wenn sich Unerwartetes ereignet. Allerdings erfolgt auch dann noch nicht automatisch und schlagartig eine Umstrukturierung. Man wird zunächst versuchen, das unerwartete ‚unpassende' Verhalten des Interaktionspartners mit dem eigenen Repertoire der vorhandenen Verhaltensstrategien zu bewältigen, d.h. zunächst es in ihrem Sinn umzuinterpretieren."[26] An diesem Punkt setzt auch die Kritik des Deutungsmusteransatzes an. Pensé bezieht sich in diesem Zusammenhang auf eine Arbeit von Gerd-Günther Voß (1984) und weist darauf hin, dass der Deutungsmusteransatz die Bedeutung des Individuums hin-

---

[20] vgl. Steinert 1972 (S.13)
[21] vgl. Pensé 1994 (S.29)
[22] Oevermann et al. 1976 (S.372) zitiert nach Pensé 1994 (S.30)
[23] vgl. Pensé 1994 (S.30)
[24] vgl. Huinink, Schröder 2008 (S.37)
[25] vgl. Pensé 1994 (S.30)
[26] Steinert 1972 (S.114)

sichtlich seiner Modifikationsleistungen bei der Transformation von inkompatiblen zu geeigneten Deutungsmustern unterschätzt. Darüber hinaus bliebe die Bedeutung der spezifischen Erfahrungshintergründe einer Person deutlich unterbetont.[27]

Rolf Arnold (1983), der sich aus pädagogischer Perspektive intensiv mit dem Deutungsmusterbegriff auseinandergesetzt hat, konstatiert einen Paradigmenwechsel in der Verwendung des Deutungsmusterbegriffs.[28] Er beschreibt die stärkere Fokussierung auf das Individuum mit seinen „alltäglichen Erfahrungen und Entwicklungsbedürfnissen" als Folge einer „reflexiven Wende".[29] Seitdem gehe es nicht mehr nur um Erkenntnisse objektiver und generalisierbarer Vorgaben und Strukturen, sondern um die zentrale Frage nach dem Verhältnis von gesellschaftlicher Umwelt und subjektivem Bewusstsein.[30] Arnold liefert für das Verständnis von Deutungsmustern eine sehr differenzierte und für die Verwendung im erziehungswissenschaftlichen Sinne nützliche Begriffsbestimmung. Dabei unterscheidet er zehn Bedeutungselemente, die den Deutungsmusterbegriff näher präzisieren sollen:[31]

1. Perspektivität und Interpretation
   Dabei geht es in erster Linie um ein für den Deutungsmusterbegriff grundlegendes Konstitutionsproblem. Die Frage lautet: In welchem Verhältnis stehen soziale Wirklichkeit und individuelles Wissen? Für die individuelle Entwicklung von Deutungsmustern ist demzufolge entscheidend, ob eine Person in der Lage ist, einen bestimmten Standpunkt einzunehmen und diesen in das eigene Weltbild zu integrieren. Dabei bedeutsam sind die Fragen: Welche Maßstäbe und Handlungslegitimationen und welche inneren und äußeren Bezugsrahmen gelten für eine Person?[32]

2. Plausibilität und Alltagswissen
   „Als elementares soziales Wissen ermöglichen Deutungsmuster für den Einzelnen Alltagsplausibilität [...]".[33] Sie helfen einer Person beim

---

[27] vgl. Pensé 1994 (S.31f.)
[28] vgl. Arnold 1983 (S.893)
[29] ebd.
[30] vgl. ebd.
[31] vgl. Arnold 1985 (S.19 ff.)
[32] vgl. Arnold 1985 (S.27 ff.)
[33] ebd. (S.32)

Ordnen neuer Erfahrungen nach bekannten und bewährten Mustern ebenso wie bei der Suche nach Gewissheit und beim Ausrichten des eigenen Handelns. Außerdem ermöglichen Deutungsmuster „...unmittelbares, quasi-routiniertes Handeln [...] unter Zeitdruck sowie angesichts problematischer Situationen [...]."[34]

3. Latente und manifeste Bewusstseinsstrukturen
   „Das Element der Latenz verweist darauf, dass Deutungsmuster im alltäglichen Handlungsvollzug nicht ständig expliziert werden müssen bzw. können und demzufolge als Routinewissen den interagierenden Subjekten nur in eingeschränktem Maße reflexiv verfügbar sind."[35] Exemplarisch könnte dies bedeuten, dass eine Person eine gewisse Ahnung davon hat, in welchem Zusammenhang bestimmte Dinge zueinander stehen. Bei der Analyse von Deutungsmustern wäre es demnach wichtig, herauszufinden, welche Überzeugungen sich hinter der Aussage oder Handlung einer Person verbergen.

4. Komplexitätsreduktion und Filterung
   Diese Elemente verweisen darauf, dass Deutungsmuster in ihrer Anwendung sehr alltagspraktisch sind, weil sie dazu dienen, komplizierte Sachverhalte und komplexe Zusammenhänge zu vereinfachen. „Erst indem komplexe Situationen auf bekannte Strukturen und Grundmuster reduziert werden, erfährt der einzelne Sicherheit und Plausibilität im Handlungskontext. Die Überschaubarkeit infolge einer Reduktion von Komplexität ist somit Voraussetzung für die Orientierung in alltäglichen Handlungszusammenhängen."[36]

5. Autobiographische Kontinuität und subjektive Normalisierungsbemühungen
   Als biographisch „...erworbene und bewährte Muster der Weltauforordnung und Orientierung sind Deutungsmuster auf Kontinuität angelegt [...]. Man kann vermuten, dass in der Regel Situationen so gedeutet werden, dass keine allzu große Diskontinuität und Inkompatibilität gegenüber bisherigen Selbstverständlichkeiten im Weltbild auf-

---

[34] ebd. (S.33)
[35] ebd. (S.39)
[36] ebd. (S.46)

bricht."[37] Deutungsmuster entwickeln sich demnach nicht willkürlich, sondern beharrlich und mit der Tendenz, Stabilität zu erzeugen.

6. Persistenz früher Erfahrungen und Modifikation späterer Erfahrungen
   Arnold verweist auf die hohe, zum Teil normative Bedeutung von früh vermittelten Deutungsmustern. Insbesondere diese unterlägen in gewisser Weise einer frühen und gegenüber Änderungen resistenten Prägewirkung.[38] Für die jeweilige Person bedeutet diese hartnäckige Beständigkeit einen Zugewinn an Sicherheit auf Kosten individueller Veränderungs- und Entwicklungspotentiale.

7. Konsistenzregeln der subjektiven Identitätspolitik
   Dieses Element weist auf den inneren Zusammenhalt von Deutungsmustern hin. Laut Arnold ist die innere Struktur von Deutungsmustern durch Regeln geprägt, nach denen sich ihre gegenseitige Kompatibilität und Inkompatibilität jeweils bemisst.[39] Deutungsmuster würden von einer Person vor dem Hintergrund einer individuellen „Dissonanzverminderung" überprüft.[40] Der Begriff der „Identitätspolitik" geht auf Erving Goffman (1980) zurück und bedeutet in diesem Zusammenhang, dass Deutungsmuster vor dem Hintergrund identitätsspezifischer Kompatibilität überprüft, möglicherweise modifiziert und anschließend verwendet oder verworfen werden.[41]

8. Die prägende Erfahrung der Gesellschaft
   Das Element der gesellschaftlichen Vermitteltheit deutet auf die gesellschaftliche Seite des Konstitutionsproblems hin. Deutungsmuster gehen nicht ausschließlich aus dem individuellen Bewusstsein hervor, sondern formieren sich auf der Grundlage gesellschaftlicher Strukturen. „Deutungsmuster weisen nicht nur Bezüge zu subjektiv-sinnhaften Relevanzstrukturen auf, sondern beinhalten auch historisch-gesellschaftliche Bezüge."[42]

---

[37] Arnold 1985 (S.50)
[38] vgl. ebd. (S.60)
[39] vgl. ebd. (S.63)
[40] ebd.
[41] Goffman 1980 (S.153)
[42] Arnold 1983 (S.897)

9. Flexibilität, Überprüfung und Wandel von Deutungsmustern
    „Das Element der relativen Flexibilität von Deutungsmustern bezieht
    sich auf die Veränderung bzw. Anpassung von Deutungsmustern eines
    Individuums im Zusammenhang mit seinem tatsächlichen Handeln."[43]
    Das Potential zur Veränderung eines Deutungsmusters ist ein weiterer
    wichtiger Bestandteil. Inadäquate Deutungsmuster müssen korrigiert,
    modifiziert oder uminterpretiert werden können, um sie zu erhalten.
    Die „Situationsadäquatheit" eines Deutungsmusters kann demzufolge
    auch durch das Umdefinieren einer Situation (Schicksalsschlag, Ver-
    schwörung, etc.) wiederhergestellt werden.[44]

10. Die systematisch-hierarchische Struktur des Bewusstseins
    „Das Element der systematisch-hierarchischen Ordnung von Deu-
    tungsmustern bringt zum Ausdruck, dass diese nicht isoliert [...] im
    Alltagswissen der Einzelnen existieren, sondern [...] eine hierarchisch
    differenzierte Ordnung konstituieren und im Rahmen dieser Ordnung
    aufeinander bezogen sind."[45] Arnold vermutet, dass sich die Struktu-
    ren dieser „Deutungsmusterhierarchien" auf der Grundlage von spezi-
    fischen Handlungen und Erklärungen der Person erkennen lassen.[46]

Der Kritik einer zu geringen Berücksichtigung individueller Aspekte folgend
werde ich den subjektiven Aneignungsprozess für das Verständnis und die Analyse von Deutungsmustern verstärkt berücksichtigen. Ohne den gesellschaftlichen Einflussfaktoren hinsichtlich der Beschaffenheit von Deutungsmustern
die Bedeutung abzusprechen, wird der Deutungsmusterbegriff in der vorliegenden Arbeit nicht in erster Linie vor diesem Hintergrund betrachtet. Stärker
wird die individuell ausgeprägte Funktionalität von Deutungsmustern in den
Fokus der Aufmerksamkeit gerückt. Der Unterschied liegt darin, Deutungsmuster nicht ausschließlich in ihrer Entwicklung unter gesellschaftlichen Bedingungen zu verstehen, sondern diese auch in ihrer Bedeutung als intrapersona-
les Element in die Betrachtung mit einzubeziehen. Deutungsmuster besitzen
das Potential, einer Person zu erhöhter Handlungsfähigkeit und zu selbstwert-
schonenden Erklärungen und Aktivitäten zu verhelfen. Ebenfalls können sie
jedoch die Handlungsfähigkeit einer Person einschränken oder selbstwertverletzende Auswirkungen haben.

---

[43] Arnold 1985 (S.69)
[44] ebd. (S.70)
[45] ebd. (S.72)
[46] ebd.

Die Entstehung und die Auswirkungen von Pendelbewegung zwischen günstigen und belastenden Deutungsmustern beschreiben Filipp und Aymanns (2010) am Beispiel von kritischen Lebensereignissen: „...in der Konfrontation mit kritischen Ereignissen lassen sich [...] Deutungsmuster als unhinterfragte Gewissheit nicht mehr halten, sie werden vielmehr heftig erschüttert, und existenzielle Fragen drängen sich auf. Kritische Lebensereignisse produzieren eben nicht nur ‚Stress'; sie attackieren die eigene Sicht der Welt, sie offenbaren eigene Verwundbarkeiten, sie führen die eigene Ohnmacht und Hilflosigkeit vor Augen, und sie machen nicht selten die Fragilität der eigenen Existenz schmerzlich bewusst. Und die außerordentlich große Willkürlichkeit, mit der manche dieser Erfahrungen in das Leben der Betroffenen einbrechen, erzeugt Chaos, Unsicherheit, Orientierungsverlust, Sinnlosigkeit anstelle von Sicherheit, Sinn, Vertrauen und Glauben."[47]

Arnold schlägt eine Definition für den Deutungsmusterbegriff vor, dem ich in der vorliegenden Arbeit folgen werde. Deutungsmuster sollen verstanden werden als „... Sichtweisen und Interpretationen von Mitgliedern einer sozialen Gruppe, [...] die diese zu ihren alltäglichen Handlungs- und Interaktionsbereichen lebensgeschichtlich entwickelt haben."[48] Die Deutungsmuster einer einzelnen Person bilden „... ein Orientierungs- und Rechtfertigungspotential von Alltagswissensbeständen in der Form grundlegender [...] Situations-, Beziehungs- und Selbstdefinitionen, in denen das Individuum seine Identität präsentiert und seine Handlungsfähigkeit aufrechterhält."[49] Der erste Teil der Definition bezieht sich somit auf die Entwicklung von Deutungsmustern innerhalb gesellschaftlicher Bedingungen. Der zweite Teil beschreibt die Funktionalität von Deutungsmustern für das Individuum. Erst durch das Zusammenwirken beider Bereiche wird der Begriff vollständig.

Als forschungspraktischer Hinweis wird festgehalten:
Deutungsmuster lassen sich in erster Linie in kognitiv geprägten Situationen wie Erklärungen und Reflexionen finden – etwa: Wie beurteile ich eine bestimmte Situation?

---

[47] Filipp, Aymanns 2010 (S.180)
[48] Arnold 1983 (S.894)
[49] ebd.

1.4   Sinnkonstruktionen

Sinnkonstruktionen werden zum Teil ähnlich wie andere Spielarten des Sinnbegriffs verwendet, ohne zuvor festzulegen, was sie im Detail beschreiben. Mit
diesem Begriff scheint jeder etwas anfangen zu können, was vermutlich an
einigen Stellen zu einer „Überstrapazierung des Sinnbegriffs" führen kann.[50] Ich
halte dieses Vorgehen innerhalb einer wissenschaftlichen Diskussionen für
unsauber, weil dadurch subjektive Vorstellungen, Ideen und Interpretationsfo-
lien verwendet werden, die den Begriff einem hohen Maß an Beliebigkeit aussetzen. Der Begriff könnte dann nahezu willkürlich verstanden und gebraucht
werden: Irgendwie kann man letztlich doch alles mit den Sinnkonstruktionen
einer Person oder einer Gruppe erklären.

Ein unzureichendes oder beliebiges Verständnis des Begriffs fordert dazu heraus, sich ausschließlich kritisch mit ihm zu befassen, ohne dessen Potentiale zu
erkennen. Einen aktuellen Bedarf zur Auseinandersetzung mit Sinnfragen un-
terstreichen Heiner Keupp u.a. (2008) in ihrer Arbeit zur Identitätsentwicklung
in der Postmoderne wie folgt: „... die Suche nach einem authentischen Lebenssinn und nach einem in sich zusammenhängenden Muster von Antworten auf
die Frage, wer man denn nun sei, wird weiterhin gestellt, möglicherweise noch
intensiver als in früheren Generationen."[51]

Dem hohen Maß an Beliebigkeit und der Gefahr einer verschwommenen Ab-
grenzung zu anderen Begrifflichkeiten werde ich mit einem Vorschlag zum Verständnis von Sinnkonstruktionen begegnen. Zuvor soll eine Annäherung an den
Begriff erfolgen. Dabei beziehe ich mich neben eigenen Überlegungen auf die
Arbeiten von Klaus Wolf (1999), Heiner Keupp u.a. (2008), Lothar Böhnisch
(2008) sowie Sigrun-Heide Filipp und Peter Aymanns (2010).

Wolf (1999) entwickelt in seiner Untersuchung zu Machtverhältnissen zwischen MitarbeiterInnen stationärer Jugendhilfeeinrichtungen und den Jugendlichen, die dort leben, einen Zugang zu den Sinnkonstruktionen der Mitarbeiter-
Innen. Wolf interpretiert Sinnkonstruktionen hinsichtlich ihrer Auswirkungen
auf das Abhängigkeitsverhältnis zwischen MitarbeiterInnen und Jugendlichen
als eine bedeutende Machtquelle der Jugendlichen.[52] Ohne hier näher auf den

---

[50] Filipp, Aymanns 2010 (S.181)
[51] Keupp u.a. 2008 (S.295)
[52] vgl. Wolf 1999 (S.192)

Zusammenhang zwischen Sinnkonstruktionen und Machtquellen einzugehen, werde ich einige entscheidende Aspekte festhalten, die nach meinem Eindruck hinsichtlich des begrifflichen Verständnisses wichtig sind.

Die Entwicklungsmöglichkeit und Gültigkeit von Sinnkonstruktionen verläuft grundsätzlich in Wechselwirkungsmechanismen mit den (aktuell vorherrschenden) Deutungsmustern einer Gesellschaft sowie den individuellen Selbstdefinitionen einer Person. Zu betonen ist daher die Abhängigkeit einer Sinnkonstruktion vom Einfluss individueller, gruppenspezifischer, kollektiver und sozialer Deutungsmuster. Wolf spricht in diesem Zusammenhang von der besonderen Bedeutung einflussreicher „Bezugsgruppen".[53] Die Orientierung an gesellschaftlich akzeptierten Deutungsmustern sowie die Konstruktion von Sinn erfordern als persönliche Leistung eine „kontinuierliche Anstrengung".[54] Außerdem erfolge die „Sinnherstellung" in einzelnen Lebensbereichen in Relation zu anderen Lebensfeldern.[55] Neben der individuellen Bedeutung von privaten und beruflichen Lebensbereichen kann auch eine die Person unmittelbar tangierende Interaktions- und Kommunikationskultur deren Sinnkonstruktionen beeinflussen. Ein enger Zusammenhang scheint darüber hinaus auch im Hinblick auf die Einschätzung von persönlicher Motivation und Bewertung der persönlichen Zufriedenheit zu bestehen.[56]

Um eine genauere Vorstellung von dem Prozess der Konstruktion von Sinnzusammenhängen zu erlangen, kann ein Blick auf das folgende Zitat hilfreich sein. Keupp u.a. (2008) beschreiben hinsichtlich des gelingenden Konstruktionsprozesses von Identität: „Dazu sind die Fähigkeit zum Aushandeln und ein geschärfter Möglichkeitssinn Voraussetzung. Wenn es bei der alltäglichen Lebensführung, der beruflichen Entwicklung wie bei der Gestaltung von Freundschaft, Liebe und Familie eine solche Pluralität von Mustern und Normen wie heute gibt, dann müssen die Menschen in den verschiedenen Bezügen und Situationen die Regeln, Normen, Ziele und Wege beständig neu aushandeln können und wollen."[57] Bei der Entwicklung von Sinnzusammenhängen lässt sich eine Wahrnehmungsselektion und -interpretation des Individuums vermuten,

---

[53] ebd. (S.361)
[54] ebd. (S.210)
[55] ebd. (S.193)
[56] vgl. ebd. (S.338)
[57] Keupp u.a. 2008 (S.279)

die in erster Linie selbstwertbestätigende und selbstwertschützende Strategien verfolgt.[58]

Grundsätzlich sind Sinnkonstruktionen nicht willkürlich austauschbar, sie verfügen jedoch über das Potential zur Veränderung. Wolf weist in diesem Zusammenhang auf die Verschiebung von Anziehungskräften und die Veränderung von Kräfteverhältnissen während unterschiedlicher Lebensphasen hin.[59] Er bezieht sich dabei auf das Gravitationsmodell von Randolph Vollmer (1986). Die für eine Person gültigen Bedeutungszusammenhänge sind veränderbar: Fokussierungen von jungen Erwachsenen verändern sich beispielsweise mit hoher Wahrscheinlichkeit, wenn sie Eltern werden. Auch der Auszug der Kinder aus dem elterlichen Haushalt kann grundsätzlich als Phase verstanden werden, in der sich Gravitationszentren neu formieren und Sinnkonstruktionen ggf. angepasst werden müssen.

Sinnkonstruktionen können aufgrund individueller Interpretationen in der Folge von (kritischen) Lebensereignissen gestützt oder gefährdet werden. Sigrun-Heide Filipp und Peter Aymanns (2010) beschreiben, wie Personen vor dem Hintergrund kritischer Lebensereignisse Sinnkonstruktionen mit dem Ziel entwickeln und einsetzen, um die personale Kontrolle wiederherzustellen.[60] Ein bedeutendes Bedürfnis scheint darin zu bestehen, sich selbst nicht als Spielball des Schicksals zu erleben. Sinn wird daher gerade in besonders schwierigen Lebensphasen als Kontrastprogramm zu einer lediglich zufälligen Betroffenheit entwickelt, die vor dem Hintergrund des eigenen, als bedeutungsvoll wahrgenommenen Lebens nur schwer zu akzeptieren ist. In Anlehnung an Fillip und Aymanns lässt sich dieses Phänomen als ein Bedürfnis nach kausalattribuierter Strukturierung des eigenen Lebens beschreiben.[61]

Die Gefährdung und der Zusammenbruch einer Sinnkonstruktion müssen daher als Belastungsquelle gelten, während eine passende und beständig verfügbare ebenso wie eine anpassungsfähige Sinnkonstruktion zu den Ressourcen einer Person zu zählen ist. Wolf hat unter der Fokussierung des Berufs- und Tätigkeitsfeldes Kriterien herausgearbeitet, die einen hohen Einfluss auf die persönlichen Sinnkonstruktionen haben können.

---

[58] vgl. Wolf 1999 (S.211)
[59] vgl. ebd. (S.192)
[60] vgl. Filipp, Aymanns 2010 (S.176)
[61] vgl. ebd.

Diese Kriterien möchte ich leicht modifiziert in Form von Fragen benennen:[62]

- Wird die eigene Tätigkeit als sinnvoll und wichtig erlebt?
- Werden nach den Maßstäben, die durch die eigenen Sinnkonstruktionen vorgegeben werden, Erfolge erzielt?
- Wird die Selbstwahrnehmung einer Person durch wichtige Bezugsgruppen und
-personen gestützt? (Anerkennung)
- Hat die Person den Eindruck, handlungsfähig zu sein und ein hohes Maß an Kontrolle zu besitzen?
- Gelingt es der Person, eigene Ideen, Vorstellungen und Ideale zu verwirklichen? (Selbstverwirklichung)

Wolf deutet an, dass in der Postmoderne die Konstruktion von Sinnhaftigkeit des eigenen Lebensentwurfes eine verstärkt individualistische Ausrichtung erhalten hat.[63] Dabei spielen Aspekte wie Selbstverwirklichung, das Ausschöpfen individueller Gestaltungsmöglichkeiten sowie die Identifikation mit den eigenen Handlungen eine zunehmende Rolle. Unwägbarkeiten und fehlende Sicherheiten erfordern Anpassungsleistungen, die nicht ein für allemal erledigt werden können, sondern die sich gegenüber Widerständen immer wieder behaupten und aufgrund von Unübersichtlichkeiten erneuern müssen. Wolf beschreibt das begriffliche Verständnis von Sinnkonstruktionen folgendermaßen: „Der Begriff ‚Sinnkonstruktion' soll verdeutlichen, dass es sich bei der Herstellung von Sinn um einen sozialen Definitionsvorgang handelt. Was als sinnvoll erlebt und definiert wird, wird von unterschiedlichen Individuen unterschiedlich – auch unterschiedlich im Verlauf ihres Lebens – festgelegt. Bei diesen individuellen Definitionsvorgängen spielen außerdem generelle soziale Deutungsmuster eine Rolle, die dem sozialen Wandel unterliegen."[64] Darüber hinaus liefert Wolf einen forschungspraktischen Hinweis für die Suche nach Sinnkonstruktionen: „Eine Möglichkeit, solche Prozesse der Sinnkonstruktionen [...] zu erfassen, besteht in der Untersuchung von Attribuierungsstilen."[65]

Auch Lothar Böhnisch (2008) weist darauf hin, dass die Individualisierung und Pluralisierung von Lebensverhältnissen eine gewisse soziale Orientierungslosigkeit auslöst, weil sich normative Vorgaben und traditionelle Sozialmuster

---

[62] vgl. Wolf 1999 (S.214)
[63] vgl. ebd.
[64] ebd. (S.199; Fußnote 176)
[65] ebd. (S.210)

auflösen. Dadurch sei jedes Subjekt gezwungen, seine biographische Handlungsfähigkeit durch die Auseinandersetzung mit kritischen Lebensereignissen immer wieder neu zu erarbeiten.[66] Die positive oder negative Bewertung einer Handlung – als Gelingen oder Scheitern – erfolgt dann vor dem Hintergrund der eigenen Sinnkonstruktionen. Die individuelle Bewertung eigener Sinnkonstruktionen berührt also elementare Aspekte der Identitätsentwicklung. Heiner Keupp u.a. beschreiben das Individuum in diesem Zusammenhang in seiner lebenslang andauernden Identitätsentwicklung als „individualisierten Sinn-Bastler. [...] Der einzelne ist der Konstrukteur seines eigenen Sinnsystems, und dieses enthält durchaus Materialien der traditionellen Sinninstitutionen."[67] Darüber hinaus greifen sie auf ein Konzept zurück, das Aaron Antonovsky (1998) im Rahmen seiner Überlegungen zur Salutogenese als Kohärenzgefühl beschrieben hat.[68] Die drei wesentlichen Komponenten des Kohärenzgefühls – Sinnhaftigkeit, Machbarkeit und Verstehbarkeit – lassen sich auch im Zusammenhang mit Aushandlungs- und Bewertungsprozessen von Sinnkonstruktionen verwenden. Eine Person entwickelt im Rahmen der eigenen Sinnkonstruktionen:

- ein Gefühl von Sinnhaftigkeit, wenn es ihr gelingt, eigene Deutungsmuster im Laufe der Zeit vor Verunsicherungen zu schützen und das darauf bezogene eigene Handeln als sinnvoll und bedeutsam zu erleben
- ein Gefühl von Machbarkeit, wenn es ihr gelingt, eigene Überzeugungen in Handlungen umzusetzen
- ein Gefühl von Verstehbarkeit, wenn es ihr gelingt, das Erreichen eines zuvor festgelegten Ziels als Ergebnis des eigenen Handelns und der vorherigen Planung zu identifiziert.

Für die weitere Verwendung des Begriffs Sinnkonstruktionen in dieser Arbeit gilt folgendes Verständnis: Sinnkonstruktionen sind spezifische auf die Bedeutsamkeit des eigenen Lebens und Handelns bezogene Deutungsmuster. Bei Sinnkonstruktionen handelt es sich um Prozesse der Herstellung und Veränderung von Erklärungen und Überzeugungen, mit denen Menschen ihrem eigenen Leben und ihren Handlungen einen Sinn zuschreiben.

---

[66] vgl. Böhnisch 2008 (S.32 f.)
[67] Keupp u.a. 2008 (S.52)
[68] vgl. ebd. (S.227)

1.5   Selbstdefinitionen

In engem Zusammenhang zu den Sinnkonstruktionen und Fragen der Identitätsentwicklung steht die Selbstdefinition einer Person. Dieser Aspekt geht den Fragen nach: Wie beschreibt und definiert sich eine Person? Welchen Zweck hat die individuelle Selbstdefinition? Inwieweit passen Selbstdefinition und nach außen gerichtete Inszenierung zusammen?

Die Entwicklung einer Selbstdefinition verläuft nach einem intra- und interpersonalen Prozess.[69] Der intrapersonale Teil einer Selbstdefinition berücksichtigt die individuelle Wahrnehmung einer Person: Wie sehe ich mich selbst? Welches sind für mich die entscheidenden Elemente meines eigenen Lebens? Was bin ich für ein Typ? Als wen oder was verstehe ich mich?[70] Eine Selbstdefinition entwickelt sich außerdem in Abhängigkeit von äußeren Bedingungen. Relevant sind dabei auch die interpersonalen Aspekte: Wie werde ich von außen wahrgenommen? Welche auf die eigene Person gerichteten Hinweise und Rückmeldungen erhalte ich von meiner Umwelt?

In der Selbstdefinition einer Person werden die Elemente der Selbstwahrnehmung mit den Vermutungen und Überzeugungen hinsichtlich der auf die eigene Person gerichteten Fremdwahrnehmungen ausgehandelt und integriert. Dabei geht es darum, die persönlichen und äußeren Einflüsse miteinander zu verbinden und zu gewichten: Inwieweit beeinflussen Rückmeldungen der Umwelt meine Selbstwahrnehmung? Wie wirkt sich Selbst- und Fremdwahrnehmung auf mein eigenes Selbstbild aus?[71]

Keupp u.a. (2008) beschreiben dies als Teil des Koordinationsprozesses zwischen inneren und äußeren Faktoren, der die Identitätsentwicklung maßgeblich beeinflusst: „... Identität ist stets eine Passungsarbeit. In ihrer Selbstkonstruktion nehmen die Subjekte Bezug auf soziale, lebensweltlich spezifizierte Anforderungen und auf eigene, individuelle Selbstverwirklichungsentwürfe. Passung bedeutet nie (nur) Anpassung an außen oder innen, sondern ist stets ein subjektiver Aushandlungsakt zwischen [...] divergierenden Anforderungen."[72] Auch Steinert (1972) bezieht sich in seinen Erläuterungen auf den Zu-

---

[69] vgl. Keupp u.a. 2008 (S. 232)
[70] vgl. Steinert 1972 (S.110)
[71] vgl. ebd. (S.106)
[72] Keupp u.a. 2008 (S.215 f.)

sammenhang zwischen Selbstdefinition und Identität, wenn er schreibt: „Identität [...] erfordert zunächst eine gewisse Konsistenz der eigenen Handlungen und ferner Übereinstimmung des eigenen Handelns und der sozialen Behandlung, die man erfährt mit diesem Selbstbild. [...] Identität bezeichnet allgemein einen Zielzustand, der als Ausgleich zwischen Selbstbild und Handeln herzustellen ist. [...] Das dargestellte Selbstbild schafft Bedingungen der Interaktion, unter denen sich bestimmte Verhaltensstrategien durchführen lassen."[73]

Das Individuum scheint demnach über einen Gestaltungsraum zu verfügen, seine nach außen gerichtete Selbstinszenierung auf der Grundlage seiner individuellen Selbstdefinition auszurichten: Wie möchte ich auf andere Personen wirken? Bezogen auf die Inszenierung der eigenen Person verweisen Keupp u.a. auf den Zusammenhang zwischen Glaubwürdigkeit und biographischen Erzählungen des Individuums: „In der alltäglichen Diskurswelt wird [...] der Idealtypus einer wohlgeformten Selbstnarration in der Regel nur unvollkommen erreicht. Je mehr dies der Fall ist, desto größer ist die Glaubwürdigkeit einer Selbsterzählung. Und darum geht es bei der Präsentation von biographischen Kernnarrationen. Denn sie bieten Lesarten des eigenen Selbst [...] und dienen damit der Verständigung mit anderen. [...] Ein Subjekt bündelt seine Geschichte(n) nicht nur für andere, sondern auch für sich selbst. Mit diesen [Geschichten] erklärt das Subjekt sich selbst, welche Lesart seiner Identitätsentwicklung die derzeit dominierende ist."[74]

Für die weitere Verwendung des Begriffs Selbstdefinitionen in dieser Arbeit gilt folgendes Verständnis: Selbstdefinitionen sind spezifische auf die eigene Person bezogene Deutungsmuster. Selbstdefinitionen integrieren Elemente der Selbst- und Fremdwahrnehmung einer Person. Sie bieten einer Person die Möglichkeit zur intrapersonalen Selbstvergewisserung und zur externen Selbstinszenierung.

Als forschungspraktischer Hinweis wird festgehalten:
Mit Blick auf den Untersuchungskontext muss hinterfragt werden, inwieweit sich die Selbstdefinitionen anderer Menschen rekonstruieren lassen. Im Forschungskontext sollte man sich darüber bewusst sein, dass der Versuch, die Selbstdefinitionen einer Person zu entschlüsseln, immer abhängig ist von der Inszenierung einer Person. Bedeutsam scheinen mir die Selbstdefinitionen insbesondere für die Beantwortung der Frage nach Kongruenz innerhalb der ge-

---

[73] Steinert 1972 (S.116 ff.)
[74] Keupp u.a. 2008 (S.232)

samten Erzählung einer Person: Inwieweit stimmen die elementaren Darstellungen einer Person überein? An welchen Stellen werden Dissonanzen oder Widersprüche in der Selbstdarstellung einer Person deutlich? Die Selbstdefinitionen können daher vermutlich als Gradmesser genutzt werden, um zu überprüfen, welches Maß an Kongruenz die Gesamtdarstellung einer Person erreicht.

1.6 Bewältigungsstrategien

Bei der Betrachtung und Analyse der Belastungen und Ressourcen von Menschen findet man spezifische Formen der Bewältigung. Im folgenden Abschnitt werden zwei Überlegungen aus der psychologischen Bewältigungsforschung und der sozialisationstheoretischen Biographieforschung skizziert. Anschließend folgt eine Definition für die Verwendung des Begriffs in dieser Arbeit. Nach Sigrun-Heide Filipp und Peter Aymanns (2010) lassen sich generell zwei grundlegende Perspektiven auf das Bewältigungsgeschehen unterscheiden:[75]

1. Bewältigung als Reorganisation der Person-Umwelt-Passung

Bereits in einer früheren Arbeit beschreiben Baukmann und Filipp (1984), wie in der Folge eines kritischen Lebensereignisses eine Veränderung in der Person-Umwelt-Beziehung entsteht. Dadurch wird es für die betroffene Person notwendig, ihre Handlungsfähigkeit aufrechtzuerhalten bzw. diese neu herzustellen. Diese als Bewältigungsverhalten bezeichnete Aktivität erfolgt immer dann, wenn die eigene Handlungsfähigkeit bedroht oder ein Verlust der Handlungsfähigkeit befürchtet wird.[76] Um eine problematische oder bedrohliche Situation zu kompensieren, kann das Individuum mit dem Ziel auf seine Umwelt einwirken, diese zu verändern oder es passt sich an die veränderten Umweltbedingungen an.[77]

2. Bewältigung als Regulation von Ist-Soll-Diskrepanzen

Bewä ltigungsverhalten kann außerdem dadurch erklärt werden, dass sich Idealvorstellungen und erlebte Realität für eine Person auf inakzeptable Weise voneinander unterscheiden. Die Person unternimmt dann Anstrengungen, um

---

[75] vgl. Filipp, Aymanns 2010 (S.127)
[76] vgl. Braukmann, Filipp 1984 (S. 54)
[77] vgl. Filipp, Aymanns 2010 (S.128)

den Ist-Zustand an den Soll-Zustand anzunähern und dadurch das eigene Missempfinden aufzulösen.[78]

Aus sozialisationstheoretischer Perspektive versteht Lothar Bö hnisch (2008) unter biographischer Lebensbewä ltigung „[...] das Streben nach subjektiver Handlungsfä higkeit in Lebenssituationen, in denen das psychosoziale Gleich-gewicht – im Zusammenspiel von Selbstwert, sozialer Anerkennung und Selbstwirksamkeit – gefä hrdet ist".[79] Der Bewältigungsbegriff wird dadurch um seine gesellschaftlichen Elemente und Spannungsfelder erweitert: Bewälti-gung findet immer auch im Rahmen von gesellschaftlichen Möglichkeiten und Anforderungen statt.

Für diese Arbeit wird der Begriff der Bewältigungsstrategien in den Fokus der Aufmerksamkeit gerückt. Um sich diesem Begriff anzunähern werden zunächst die Gesichtspunkte beschrieben, nach denen sich Bewältigungsaktivitäten ins-gesamt sortieren lassen. Walter Braukmann und Sigrun-Heide Filipp (1984) ma-chen dazu einige Vorschläge, die nachfolgend mit Beispielen erläutert wer-den.[80]

Bewältigungsreaktionen gelten als die kleinsten unterscheidbaren Einheiten einer Bewältigungsaktivität. Durch den Begriff der Reaktion wird deutlich, dass sich die Aktivität auf einen vorangegangenen Impuls (hier: Problem, Schwierig-keit, zu bewältigende Situation) konzentriert. Beispiele für Bewältigungsreak-tionen: „Ich muss erst mal Dampf ablassen." „Ich rufe meine beste Freundin an." „Das diskutieren wir aus."

Bewältigungsformen bezeichnen in sich homogene Klassen von Bewältigungs-reaktionen. Im Unterschied zu den Bewältigungsstrategien werden hier auch impulsive oder affektive Bewältigungsreaktionen einbezogen. Beispiele für Be-wältigungsformen: „Ich muss erst mal Zeit gewinnen." „Ich agiere meine Emo-tionen aus." „Ich verhandle die Auswirkungen einer Belastung."

Bewältigungsstrategien lassen sich dadurch erkennen, dass das Handeln auf der Grundlage einer für die Person berechenbaren Wirkung basiert. Dazu füh-ren intentionale Bewältigungsreaktionen, die von Anfang an auf ein bestimm-test Ziel ausgerichtet sind als auch nicht-intentionale Bewältigungsreaktionen,

---

[78] vgl. Filipp, Aymanns 2010 (S.138)
[79] Böhnisch 2008 (S.34)
[80] vgl. Braukmann, Filipp 1984 (S.71 f.)

bei denen sich eine Strategie aufgrund von mehr oder weniger erfolgreichen Versuch-und-Irrtum-Ansätzen verfestigt. Hinter einer Bewältigungsstrategie verbirgt sich eine Absicht erhöhter Permanenz. Beispiele für Bewältigungsstrategien: „Ich organisiere mir externe Unterstützung, um in einer schwierigen Situation nicht auf mich allein gestellt zu sein." „Ich habe gelernt Zugeständnisse zu machen, um auf der anderen Seite selbst auch wohlwollender behandelt zu werden." „Ich nutze meine rechtlichen Möglichkeiten aus, um kein Unrecht zu erfahren."

Bewältigungsstile sind zeitlich beständige Bewältigungsreaktionen, die in unterschiedlichen Situationen angemessene Wirkungen erzielt haben und deshalb beigehalten werden. Beispiele für Bewältigungsstile: „Ich setze mich frühzeitig mit meinen Problemen auseinander." „Ich passe mich selbst den Bedingungen an." „Ich versuche meine Umwelt zu verändern."

Bewältigungsmuster beschreiben Bewältigungsreaktionen, die sich unter Berücksichtigung ihres zeitlichen Ablaufes nach einer Reihenfolge ordnen lassen. Beispiele für die Abfolge eines Bewältigungsmusters: „Zuerst rede ich mir ein, die Situation sei nicht so schlimm." >>> „Dann schätze ich die Folgen ab und überlege, welche Möglichkeiten mir zur Verfügung stehen." >>> „Letztlich probiere ich dann doch meistens den Weg des geringsten Widerstandes."[81]

Eine Bewältigungsstrategie zeichnet sich also dadurch aus, dass eine Person unter Berücksichtigung ihrer Ressourcen ein bestimmtes Ziel planvoll anstrebt. Zu den Bewältigungsstrategien gehören dann auch routinierte und auf den Alltag eines Individuums bezogene Elemente.[82] Heinz Steinert (1972) betont in diesem Zusammenhang beispielsweise die Bedeutsamkeit von regelmäßig und stabil auftretenden Interaktionspartnern.[83] Eine solche Erweiterung über die Betrachtung von kritischen Lebensereignisse hinaus scheint angebracht, weil sich die im Alltag entwickelten Handlungsroutinen verschiedener Menschen vor dem Hintergrund ihrer alltäglichen Herausforderungen deutlich voneinander unterscheiden können. Der entscheidende Aspekt, der eine Bewältigungsstrategie von anderen Aktivitäten unterscheidet, ist die mit ihr verbundene langfristige Absicht und ihre planvolle Zielgerichtetheit zur Überwindung einer Belastung.[84]

---

[81] Die Pfeile „>>>" verweisen auf den zeitlichen Ablauf der einzelnen Erklärungen.
[82] vgl. Braukmann, Filipp 1984 (S.54)
[83] vgl. Steinert 1972 (S.209)
[84] vgl. Braukmann, Filipp 1984 (S.54)

Zusammenfassend gilt als Definition für diese Arbeit: Bewältigungsstrategien sind auf langfristige Ziele ausgerichtete, verhaltensorientierte und intrapsychische Anstrengungen einer Person zur Überwindung einer situationsbezogenen oder andauernden Belastung.[85]

Als forschungspraktischer Hinweis wird festgehalten:
Bewältigungsstrategien lassen sich in Anlehnung an Steinert aus den Deutungsmustern einer Person vermuten und sich in erster Linie in handlungsbezogenen Situationen erkennen – etwa: Wie agiere oder reagiere ich in einer bestimmten Situation?[86]

---

[85] vgl. ebd.; vgl. Eppel 2007 (S.44)
[86] vgl. Steinert 1974 (S.23)

Für die Veranschaulichung der im Theorieteil verwendeten Begriffe und zur Annäherung an die Frage, auf welche Weise die Begriffe miteinander zusammenhängen, wird das folgende Schaubild verwendet:

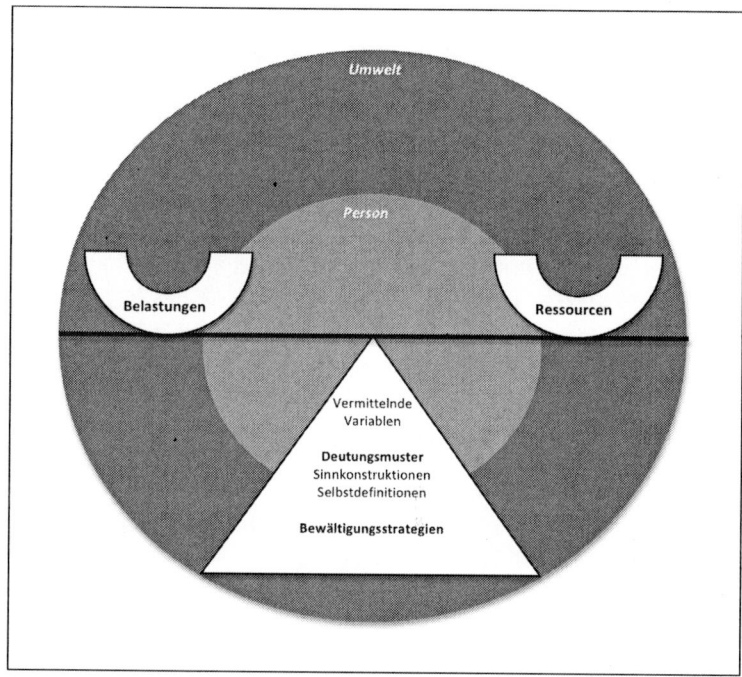

Modell 1: Schaubild zum Zusammenhang der verwendeten Begrifflichkeiten

Im Vordergrund des Schaubildes ist das Bild einer Waage zu erkennen, die den Balanceakt zwischen Belastungen und Ressourcen verdeutlichen soll. Der Fuß dieser Waage wird durch ein Dreieck symbolisiert, in dem die vermittelnden Variablen festgehalten wurden. Als vermittelnde Variablen werden jene Faktoren verstanden, die einen entscheidenden Einfluss darauf haben, ob eine Situation oder ein Ereignis als Belastung verstanden wird, für die in ausreichendem Maße Ressourcen zur Bewältigung zur Verfügung stehen oder nicht. Sinnkonstruktionen und Selbstdefinitionen werden dabei als auf die eigene Person bezogene Deutungsmuster verstanden und diesen zugeordnet. Der Prozess des Ausbalancierens von Belastungen und Ressourcen findet im Rahmen von Person-Umwelt-Interaktionen statt, die durch die beiden Kreise im Hintergrund dargestellt werden.

1.7 Exkurs zum Begriff der Behinderung

Der in dieser Arbeit verwendete Behinderungsbegriff orientiert sich am Verständnis des „Übereinkommen[s] über die Rechte von Menschen mit Behinderung" der Vereinten Nationen.[87] Dabei haben folgende Kapitel des Übereinkommens besondere Bedeutung: Kapitel 2 (Begriffsbestimmung), Kapitel 3 (Allgemeine Grundsätze), Kapitel 7 (Kinder mit Behinderung) Kapitel 19 (Unabhängige Lebensführung und Einbeziehung in die Gemeinschaft), Kapitel 24 (Bildung), Kapitel 25 (Gesundheit) sowie Kapitel 26 (Habilitation und Rehabilitation). Eine übergeordnete Bedeutung hinsichtlich der vorliegenden Untersuchung hat außerdem Kapitel 23 (Achtung der Wohnung und der Familie), Absatz 3. Dort heißt es: „Die Vertragsstaaten gewährleisten, dass Kinder mit Behinderungen gleiche Rechte in Bezug auf das Familienleben haben. Zur Verwirklichung dieser Rechte und mit dem Ziel, das Verbergen, das Aussetzen, die Vernachlässigung und die Absonderung von Kindern mit Behinderungen zu verhindern, verpflichten sich die Vertragsstaaten, Kindern mit Behinderungen und ihren Familien frühzeitig umfassende Informationen, Dienste und Unterstützung zur Verfügung zu stellen."

Auf der Website des Bundesministeriums für Arbeit und Soziales heißt es dazu: „Das Übereinkommen über die Rechte von Menschen mit Behinderungen konkretisiert die allgemeinen Menschenrechte aus der Perspektive der Menschen mit Behinderungen und vor dem Hintergrund ihrer spezifischen Lebenslagen, die im Menschenrechtsschutz systematische Beachtung finden müssen. Damit stellt das Übereinkommen einen wichtigen Schritt zur Stärkung der Rechte behinderter Menschen weltweit dar. Es würdigt Behinderung als Teil der Vielfalt menschlichen Lebens und überwindet damit das noch in vielen Ländern nicht mehr zeitgemäße Prinzip der Fürsorge."[88]

Eine verstärkte Ausrichtung von Gesetzesgrundlagen auf dem Prinzip der gesellschaftlichen Teilhabe für Menschen mit Behinderung entwickelt sich gegenwärtig weiter und hat damit auch Auswirkungen auf die Fremdunterbringung von Kindern und Jugendlichen mit Behinderungen.

---

[87]http://www.bmas.de/portal/41692/a729__un__konvention.html; zugegriffen am 09.11.2010
[88]http://www.bmas.de/portal/25970/2008__04__30__rechte__von__menschen__mit__behinderungen.html; zugegriffen am 09.11.2010

Mit Einführung des Kinder- und Jugendhilfegesetzes im Jahr 1989 wurden die Zuständigkeiten bei den Hilfen für Kinder und Jugendliche mit seelischen Behinderungen (§ 35a SGB VIII – Eingliederungshilfe für seelisch behinderte Kinder und Jugendliche) und körperlichen Behinderung (§ 54 SGB XII – Leistungen der Eingliederungshilfe) unterteilt und gesetzlich festgeschrieben.

In der Praxis erfolgten Fremdunterbringungen von Kindern und Jugendlichen mit Behinderungen auf dieser Grundlage mit folgender Unterscheidung: Wurde eine Unterbringung aufgrund von erzieherischen Defiziten notwendig, wurde der Jugendhilfeträger zuständig – somit stand die gesamte Palette der erzieherischen Hilfen zur Verfügung. Wurde hingegen die Behinderung als Begründung für die Unterbringung herangezogen, lag die Zuständigkeit gemäß § 54 SGB XII beim Sozialhilfeträger und handelte sich damit um eine Maßnahme der Eingliederungshilfe. Folge war eine vermehrte Unterbringung von Kindern mit Behinderung in stationären Behinderteneinrichtungen statt beispielsweise in Pflegefamilien oder anderen Formen erzieherischer Hilfen. Dieser Benachteiligung von Kindern und Jugendlichen mit Behinderungen wurde 2009 mit einer Gesetzesänderung des SGB XII begegnet. Der § 54 Abs. 3 wurde hinzugefügt und regelt seitdem die Unterbringung von Kindern und Jugendlichen mit Behinderungen in Pflegefamilien. Eine Meldung des Internet-Portals „Moses-Online" (Portal zum Thema Pflegekinder und Adoption)[89] begrüßt das 2009 vom Bundestag verabschiedete Assistenzpflegebedarfsgesetz. Darin wird festgehalten, dass Kinder und Jugendliche mit geistiger und/oder körperlicher Behinderung ein Recht auf Familie haben. Am 24.06.2009 kommentiert „Moses-Online" wie folgt: „Mit dem neuen Gesetz wird die Betreuung von geistig und körperlich behinderten Kindern und Jugendlichen in einer Pflegefamilie für einen bis Ende 2013 befristeten Zeitraum als Leistung der Eingliederungshilfe im SGB XII ermöglicht. Das heißt: Behinderten Kindern und Jugendlichen, die Leistungen des Sozialhilfeträgers erhalten, stehen dieselben Möglichkeiten offen wie anderen Kindern und Jugendlichen in der Kinder- und Jugendhilfe. Die Rechte von Familien, Kindern und Jugendlichen werden so gestärkt. Bis 2013 soll die sogenannte große Lösung im Rahmen des SGB VIII, - das heißt, alle behinderten Kinder und Jugendlichen werden unabhängig vom Grad der Behinderung der Kinder- und Jugendhilfe zugeordnet - erneut diskutiert und im Rahmen einer Veränderung des SGB VIII umgesetzt [...]."[90]

---

[89]http://www.moses-online.de/; zugegriffen am 09.11.2010
[90]http://www.moses-online.de/nachrichten/2009_06_24/unterbringung-behinderter-kinder-pflegefamilien-sgb-xii-moeglich; zugegriffen am 09.11.2010

Der Behinderungsbegriff wird in dieser Arbeit wie in der Stellungnahme des Bundesministeriums bereits angedeutet und wie im Rahmen des § 2 SGB IX enthaltenen Verständnisses verwendet: Nicht individuelle Defizite, sondern die Beeinträchtigung der Teilhabe begründen die soziale Unterstützung eines Menschen mit Behinderung.[91] Nach diesem Verständnis ist eine Behinderung keine in einer Person liegende funktionale Störung nach dem Motto: „der behinderte Mensch". Viel mehr bezieht sich der Begriff auf die verhinderte und eingeschränkte soziale Teilhabe eines Menschen mit Behinderung. Dafür ist es notwendig, einen komplexen Prozess aus Wechselwirkungen zwischen personenbezogenen und gesellschaftlichen Faktoren der Benachteiligung und Einschränkung zu erkennen. Erst die (fehlenden) Bedingungen innerhalb der Umgebung eines Menschen machen ihn zu einem Menschen mit Behinderung und schränken dadurch seine Partizipationsmöglichkeiten ein.[92] Gelänge es, die Bedingungen der Umgebung einer Person mit Behinderung vollständig an ihre spezifischen Bedürfnisse anzupassen, würde die Behinderung nicht weiter benachteiligen oder einschränken und somit zu einem weiteren Teil der Heterogenität menschlichen Lebens werden.

Die vorliegende Arbeit gibt ab Kapitel 3 Hinweise auf spezifische Belastungen und Ressourcen von Pflegeeltern, die ein Kind mit Behinderung oder chronischer Erkrankung in ihrer Familie aufgenommen haben. Dabei geht es nicht in erster Linie um die Behinderungen oder Krankheitsbilder der Kinder, sondern um die damit verbunden Auswirkungen auf das Pflegefamiliensystem aus der Perspektive der Pflegeeltern. Dennoch lassen sich durch die Ergebnisse der Arbeit auch Hinweise zur Verbesserung der Teilhabe von Menschen mit Behinderung und ihren Familien festhalten.

---

[91] vgl. Rohrmann, Schädler 2008 (S.13)
[92] vgl. UN-Konvention Übereinkommen über die Rechte von Menschen mit Behinderung Präambel Absatz e)

Teil 2: Empirische Untersuchung

Nachdem im ersten Teil dieser Arbeit die für das Thema „Belastungen und Ressourcen von Pflegeeltern" wichtigsten Begriffe eingeführt und erläutert wurden, möchte ich im zweiten Teil die empirische Untersuchung vorstellen.

Das erste Kapitel des zweiten Teils beschreibt die Entwicklung des Untersuchungsdesigns. Im zweiten Kapitel werden die Vorbereitung und Umsetzung der Datenerhebung erläutert. Im dritten Kapitel folgt die Beschreibung des Transkriptionsverfahrens. Abschließend werden im vierten Kapitel die Abläufe des Auswertungsprozesses erläutert.

2.1.   Untersuchungsdesign

Vor der eigentlichen empirischen Untersuchung steht notwendigerweise die Entwicklung eines zu den Erkenntniszielen passenden Untersuchungsdesigns. Dabei sind vier Aspekte zu berücksichtigen:[93]

*   Formulierung des Erkenntnisinteresses
*   Festlegung des Untersuchungsgegenstandes bzw. der Untersuchungsgruppe
*   Auswahl geeigneter Untersuchungsmethoden
*   Auswahl geeigneter Auswertungs- und Aufbereitungsverfahren

Durch die zunächst skizzenhafte Beschreibung der einzelnen Eckpunkte wird bereits ein erstes Gütekriterium erfüllt – die Verfahrensdokumentation.[94]

2.1.1   Das Erkenntnisinteresse der Untersuchung

Im Mittelpunkt der Untersuchung steht die Frage: Welche Ressourcen und Belastungen beeinflussen das Leben von Pflegeeltern? Dazu werden neben der Bewältigung von Aufgaben und Schwierigkeiten auch Themen und Fragen des alltäglichen Zusammenlebens in einer Pflegefamilie analysiert. Das Ziel dieser

---

[93] vgl. Mayring 2002 (S.42)
[94] vgl. ebd. (S.144)

Arbeit ist, ein genaueres Verständnis der subjektiven Bedeutung von Belastungen und Ressourcen der Pflegeeltern zu erlangen, die Pflegekinder mit einer Behinderung und/oder einer chronischen Erkrankung in ihren Familien aufnehmen. Dabei geht es neben einer systematischen Differenzierung der Belastungen und Ressourcen auch darum, die Deutungsmuster, Sinnkonstruktionen, Selbstdefinitionen und Bewältigungsstrategien der Pflegemütter und Pflegeväter zu untersuchen.

Bei den für diese Untersuchung ausgewählten Untersuchungspersonen handelt es sich also um eine besondere Gruppe von Pflegeeltern. Zu erwarten sind nach meiner Vorstellung vor allem zwei Besonderheiten:

1. besondere Belastungen der Pflegeeltern, aufgrund der zum größten Teil erheblichen Einschränkungen durch die Behinderungen und/oder chronischen Erkrankungen der Pflegekinder
2. besondere Ressourcen der Pflegeeltern, falls der erhöhte Betreuungsbedarf durch einen begleitenden sozialen Dienst zur Verfügung gestellt wird

Einige Untersuchungen stellen das Wohlergehen und die Entwicklung der Pflegekinder in den Mittelpunkt. Einige Studien behandeln vorrangig die Motivation von Pflegemüttern und Organisationsfragen in Pflegekinderdiensten. In der vorliegenden Arbeit liegt der Fokus explizit auf der Perspektive der Pflegemütter und Pflegeväter. Im Mittelpunkt steht das Zusammenleben mit den Pflegekindern, die Tätigkeit als Pflegeeltern sowie weitere Themen und Fragen, die von Seiten der interviewten Pflegeeltern betont werden und die mit der Aufnahme eines Pflegekindes zusammenhängen.[95]

Als eine Besonderheit der Untersuchung soll erwähnt werden, dass explizit auch die Meinungen, Ansichten und Erfahrungen der Pflegeväter berücksichtigt werden. Dies ist vor dem Hintergrund geschlechtersensibler Forschung als selbstverständlich zu betrachten, wurde in der Vergangenheit nach meinem Eindruck bei der Forschung zu Pflegefamilien jedoch nicht ausreichend berücksichtigt. Ein Anlass für eine kategorische Missachtung der Pflegeväter lässt sich empirisch nicht begründen. Vermuten könnte man ein traditionell arbeitsteiliges Verständnis der ForscherInnen, welches die Erziehung als Tätigkeit der

---

[95] Der Begriff der „Tätigkeit" kann an dieser Stelle bei einem rein professionsbezogenen Verständnis missverständlich aufgefasst werden. Die „Tätigkeit" der Pflegeeltern bezieht sich darüber hinaus auch auf deren privaten Kontext und Lebensentwurf.

Pflegemutter begreift und den Pflegevater (in diesem Fall zuständig für die Erwerbsarbeit) für diesen Teil als unbedeutend wahrnimmt.[96] Doch selbst wenn diese Annahme in einigen Teilen den Lebenskonzepten der Pflegeeltern entsprechen sollte, wird dadurch die Sichtweise der Pflegeväter nicht unwichtig. Auch in diesen Fällen verbringen sie den Großteil ihres Privatlebens innerhalb der Konstellation einer Pflegefamilie und gestalten diese selbstverständlich mit. Viele Pflegeväter sind aufgrund ihrer Berufstätigkeit nicht zu den üblichen Erhebungszeiten, sondern erst abends oder am Wochenende erreichbar. Dieser Besonderheit Rechnung zu tragen, ist ein Anspruch dieser Untersuchung.

Vor dem Hintergrund der Erläuterungen werden folgende, für die Untersuchung grundlegende Fragen festgehalten:

- Wie gelingt es den Pflegeeltern, ihrer anspruchsvollen Tätigkeit gerecht zu werden? (Ressourcen)
- Was erleichtert den Pflegeeltern ihre Tätigkeit? Welche Unterstützung bekommen und benötigen sie? (Ressourcen)
- Was erschwert den Pflegeeltern ihre Tätigkeit? Welche Unterstützung fehlt ihnen? (Belastungen)
- Welche Rolle spielt die Balance zwischen Schwierigkeiten und Problemen auf der einen und Unterstützungsleistungen und Ressourcen auf der anderen Seite? (Belastungen und Ressourcen)
- Wie wichtig ist es für die erfolgreiche Bewältigung von schwierigen Situationen für Pflegeeltern, ihrer Tätigkeit einen (grundsätzlichen) Sinn zuzuschreiben? (Sinnkonstruktion)

Die Reichweite der Untersuchung muss hinsichtlich des Rahmens der Arbeit eingeschränkt werden. Bevor die zum Erkenntnisinteresse gehörenden vielfältigen und komplexen Grund-Folge-Zusammenhänge, Wechselwirkungsmechanismen und Interdependenzen in einem dynamischen Modell erfasst werden können, muss zunächst ein Zwischenschritt erfolgen.

Diese Arbeit muss daher als erste von zwei Etappen verstanden werden und zielt zunächst auf die notwendige Entwicklung eines statischen Modells ab. Dieses Modell beinhaltet im Kern die Erfassung, Beschreibung und Analyse der zentralen Ressourcen und Belastungsquellen von Pflegeeltern. Als theoretischer Rahmen dient dabei das zuvor beschriebene Konzept der Belastungs-

---

[96] vgl. Jespersen 2011 (Kapitel 2.4.3)

Ressourcen-Balance. Darüber hinaus wird eine Annäherung an die Deutungs-muster, Sinnkonstruktionen, Selbstdefinitionen und Bewältigungsstrategien auf der Grundlage von Ansichten, Überzeugungen und Handlungsbeschreibun-gen der Pflegeeltern entwickelt.

Die Stärke des Untersuchungsansatzes liegt in der Fokussierung auf die Per-spektiven von Pflegemüttern und Pflegevätern. So wird sichergestellt, dass die Bedürfnisse der betroffenen Pflegeeltern in ihrer Vielschichtigkeit in den Blick genommen werden.[97]

Die Ergebnisse tragen zum einen zur Erweiterung des Wissens über Pflegefami-lien im Allgemeinen bei und können daher der sozialpädagogischen Grundla-genforschung dienen. Sie besitzen darüber hinaus ein hohes Maß an Praxisrele-vanz und Anwendungstauglichkeit, weil sie in der Lage sind, einen Anforde-rungsrahmen der Pflegeeltern abzustecken, denen das Angebot professioneller sozialpädagogischer Dienste gerecht werden sollte.

2.1.2   Untersuchungsgruppe

Die Untersuchung bezieht sich auf Pflegemütter und Pflegeväter, die minde-stens ein Pflegekind mit Behinderung und/oder chronischer Erkrankung betreu-en. Mit dem „Zentralen Fachdienst zur Betreuung von Pflegekindern mit chronischen Erkrankungen und Behinderungen" der Diakonie Düsseldorf wurde Kontakt zu einem sozialen Fachdienst hergestellt, der für diesen spezifischen Bereich Angebote bereithält und die Pflegeeltern umfassend betreut. Der so-ziale Fachdienst der Diakonie Düsseldorf betreut die Pflegefamilien durch drei-zehn Außenstellen in sechs Bundesländern.

Im folgenden Teil wird beschrieben, welche besonderen Eigenschaften die Un-tersuchungsgruppe erwarten lässt und warum diese hinsichtlich der Frage nach Deutungsmustern und Sinnkonstruktionen besonders interessant ist. Bei der für die vorliegende Untersuchung ausgewählten Gruppe von Pflegeeltern ist aufgrund der gesundheitlichen Einschränkungen der Pflegekinder ein besonde-res Maß an Belastungen zu erwarten.[98] Die Mitglieder der Pflegefamilien agie-ren zum einen vor den gleichen Rahmenbedingungen, die für das Zusammen-leben von Pflegefamilien im Allgemeinen charakteristisch sind.

---

[97] vgl. Flick 2007 (S.28)
[98] vgl. Blandow 2008

Dazu gehören beispielsweise:

- die Gestaltung von Besuchskontakten
- das Zusammenleben mit einem nicht-leiblichen Kind
- der Umgang mit und die Aufarbeitung der Biographie des Pflegekindes
- die Gestaltung des eigenen Lebensentwurfes zwischen Privatsphäre und Professionalität

Außerdem müssen sich die Pflegeeltern mit spezifischen Bedingungen auseinandersetzen, welche vor allem aus den Erkrankungen und/oder Behinderungen der Pflegekinder resultieren. Die Betreuung eines solchen Pflegeverhältnisses durch einen sozialen Dienst bedarf demnach einer besonderen Ausgestaltung. Auf der Grundlage dieser Vorannahmen lässt sich ableiten, dass die Pflegeeltern sowohl über ein hohes Belastungspotential verfügen als auch positive Erfahrungen mit einem sozialen Dienst gemacht haben, der umfassende Unterstützungsleistungen bereit hält. Zu erwarten wären aus der Forschungsperspektive eine große Vielfalt und Reichweite von Belastungen und Ressourcen der Pflegeeltern.

Um dem Eindruck einer defizitorientierten Forschungsperspektive aufgrund einer besonderen Betonung der Belastungen deutlich entgegenzutreten, sei bereits an dieser Stelle darauf hingewiesen, dass eine Reihe von Pflegeeltern bereits in Vorgesprächen betonten, welche besondere Freude es ihnen bereite, mit einem Pflegekind mit Behinderung und/oder chronischer Erkrankung zusammen zu leben. Aus welchen Überzeugungen sich solch positive Einschätzungen für ein Lebensfeld begründen lassen, für das Außenstehende vermutlich zunächst Belastungen und Einschränkungen der Pflegeeltern auffallen, soll in dieser Arbeit untersucht werden.

Hinsichtlich der Übertragbarkeit der Ergebnisse auf Pflegeeltern, die ihre Tätigkeit im Rahmen eines Pflegeverhältnisses nach den üblichen Bedingungen ausführen (Vollzeitpflege nach § 33 SGB VIII; Pflegekind ohne besondere gesundheitliche Einschränkung; Betreuung erfolgt durch den zuständigen Pflegekinderdienst), müssen Einschränkungen vorgenommen werden. Sicherlich werden nicht sämtliche Ergebnisse der Belastungen, Ressourcen und auch Handlungsstrategien der hier befragten Pflegeeltern deckungsgleich übertragbar sein. Allerdings können die Ergebnisse durchaus allgemeine Hinweise auf Belastungsquellen von oder Unterstützungspotentiale für Pflegeeltern enthalten. Sich ihnen zu verschließen wäre kontraproduktiv und würde die professionelle Weiterentwicklung unnötig beschneiden. Wichtig wird daher sein, die Reichweite und Grenzen der Ergebnisse klar zu definieren, indem die allgemeinen und spezifischen Aspekte der Untersuchung herausgestellt werden.[99]

2.1.3 Datenerhebungsmethoden

Hinsichtlich der qualitativen Sozialforschung innerhalb der Sozialen Arbeit spielt die Weiterentwicklung der rekonstruktiven Forschungsmethoden eine wichtige Rolle. Für die Sozialpädagogik beschreiben Gisela Jakob und Hans-Jürgen von Wensierski (1997) den Begriff der Rekonstruktion folgendermaßen: „Der Begriff der Rekonstruktiven Sozialpädagogik zielt auf den Zusammenhang all jener methodischen Bemühungen im Bereich Sozialer Arbeit, denen es um das Verstehen und die Interpretation der Wirklichkeit als einer von handelnden Subjekten sinnhaft konstruierten und intersubjektiv vermittelten Wirklichkeit geht."[100]

Bei der Betrachtung des Erkenntnisinteresses dieser Arbeit bietet sich der Ansatz einer qualitativen Untersuchung in Form einer Einzelfallanalyse an. Dadurch kann ein explorativer und beschreibender Zugang in das Forschungsfeld entwickelt werden. Dies erscheint vor dem Hintergrund sinnvoll, dass es sich bei dem Untersuchungsaspekt des Erlebens von Pflegeeltern um ein Forschungsfeld handelt, für das im Vorfeld noch nicht bekannt ist, welche Thesen entwickelt und welche Hypothesen getestet werden könnten. Vielmehr sollen Thesen generiert, soziale Abläufe rekonstruiert und (latente) Sinnstrukturen entschlüsselt werden.[101] Außerdem kann auf diesem Weg der jeweils untersuchte Fall in seiner Komplexität erfasst werden. Bei einer geringen Anzahl herangezogener Probanden können auftauchende Besonderheiten und auch die nachfolgende Analyse insgesamt sehr detailliert bearbeitet werden.[102] Die Bedeutung und besondere Tragweite von Einzelfallanalysen beschreibt Bruno Hildenbrand (2002) mit Verweis auf Merleau-Ponty (1994) folgendermaßen: „...der Einzelfall gilt als Allgemeines insofern, als er sich im Kontext allgemeiner Regelhaftigkeiten gebildet hat, und er gilt als Besonderes insofern, als er sich im Kontext allgemeiner Regelhaftigkeiten individuiert hat. [...] ‚Wir müss-

---

[99] vgl. Kapitel 3.1: Reichweite und Grenzen der Ergebnisse
[100] Jakob, von Wensierski 1997 (S.9)
[101] vgl. Flick 2007 (S.97)
[102] vgl. Mayring 2002 (S.42)

ten lediglich in Kontakt zu den Tatsachen treten, sie aus sich selbst verstehen, sie lesen und sie in einer Weise entziffern, die ihnen einen Sinn vermittelt'."[103]

Die Datenerhebung der vorliegenden Arbeit orientiert sich eng an dem Konzept des „narrativen Interviews" nach Fritz Schütze (1983).[104] Das narrative Interview stellt eine gängige und breit akzeptierte Methode der qualitativen Sozialforschung dar, die in den 1970er Jahren von Schütze entwickelt und vorgestellt wurde. Es bietet die Möglichkeit, „Sinnkonstruktionen und -handlungen aus der Perspektive der handelnden (und erleidenden) Individuen zu erfassen und einer Analyse zugänglich zu machen".[105] Sigrun-Heide Filipp und Peter Aymanns (2010) beziehen sich auf Viktor Frankl (1972), der mit Blick auf die Sinnzusammenhänge einer Person die besondere Bedeutung narrativer Erhebungsmethoden hervorhebt: „Worin diese [Sinnzusammenhänge] im Einzelnen liegen könne[n], weist ob ihrer je unterschiedlichen Verwurzelung in der Lebensgeschichte des Einzelnen und ihrer je unterschiedlichen Anbindung an Sinnressourcen […] ein außerordentlich hohes Maß an Individualität auf und lässt sich demgemäß wohl nur über narrative Methoden erschließen."[106]

Barbara Friebertshäuser (1997) verweist darauf, dass narrative Interviews die Befragten anregen sollen, etwas aus ihrem Leben zu erzählen und sie dabei selbst die für sie relevanten Themen auswählen können.[107] Bei diesen Interviewformen geht es nicht darum, die Interviewten in ein Korsett vorgefertigter Fragen zu fassen, sondern sie stattdessen „zu Erzählungen (ihres Alltags, ihrer Biographie oder spezieller Erfahrungen) anzuregen."[108] Dieses Verfahren erscheint für die vorliegende Untersuchung besonders brauchbar, weil sich die erhobenen Daten auf „subjektive Sinnstrukturen beziehen, die sich nicht einfach direkt erfragen lassen."[109] Hans-Jürgen Glinka (1998) verweist in diesem Zusammenhang auf die besondere Bedeutung der „Erlebensperspektive" der Befragten.[110] Und auch Gisela Jakob (1998) betont: „Wissenschaftliche Verste-

---

[103] Merleau-Ponty 1994 zitiert nach Hildenbrand 2002 (S.28)
[104] vgl. Schütze 1983 (S.283 ff.)
[105] Jakob 2003 (S.445)
[106] Filipp, Aymanns 2010 (S.180), vgl. Keupp u.a. 2008 (S.242)
[107] vgl. Friebertshäuser 1997 (S.373)
[108] ebd. (S.386)
[109] Mayring 2002 (S.74)
[110] Glinka 1998 (S.11)

hensprozesse und praxisgebundenes Fallverstehen sind auf die Analyse fremder Lebenswelten und die Rekonstruktion von Sinnperspektiven orientiert."[111]

Gelingt dem Interviewer/der Interviewerin bei der Durchführung des narrativen Interviews die „Hervorlockung" einer Erzählung, greifen laut Schütze die „Zugzwänge des Erzählens".[112] Diese Zugzwänge dienen als zentrale Ordnungsprinzipien für die autobiographische Stegreiferzählung der Interviewten. Nach Schütze lassen sich drei Arten von Zugzwängen in der Erzählung unterscheiden:[113]

- Der Gestaltschließungszwang veranlasst die Interviewten, eine Geschichte zu Ende zu erzählen und einen Gesamtzusammenhang mit allen wichtigen Teilzusammenhängen darzustellen. In Stegreiferzählungen kann dies dazu führen, dass die Interviewten mehr erzählen, als sie zunächst beabsichtigt hatten.
- Um dem Interviewer/der Interviewerin das Verstehen und Nachvollziehen der eigenen Geschichte zu ermöglichen, erlebt der Erzählende einen Detaillierungszwang. Die Rahmengeschichte wird möglichst anschaulich dargestellt und mit Leben gefüllt.
- Als dritten Zugzwang beschreibt Schütze die Kondensierung, die den Interviewten veranlasst, sich innerhalb der detaillierten Erzählung eine Konsistenz herzustellen und sich nicht in Feinheiten zu verlieren.

Für eine Datenerhebung auf der Grundlage von Interviews sprechen noch weitere Punkte. So sind der rasche Zugang zum Forschungsfeld und im Regelfall die große Menge des anschließend zur Verfügung stehenden Datenmaterials als Vorteil zu nennen. Außerdem geben „Interviews [...] den Befragten selbst das Wort, sie erhalten im Interview Gelegenheit über ihre Biographie, Weltsicht, Erfahrungen und Kontexte zu berichten und machen diese Informationen damit der Forschung zugänglich".[114] Das Interview bewahrt die Chance, im Rahmen eines kommunikativen Aktes möglichst nah an die Perspektive des Subjektes heranzutreten.[115] Für die Anwendung dieser Methode sprechen auch die Offenheit der Erzählstruktur, die Erfassung der Ganzheitlichkeit einer Person und der respektvolle und direkte Umgang mit den InterviewpartnerInnen.

---

[111] Jakob 1998 (S.204)
[112] Schütze 1983 (S.283 ff.)
[113] vgl. ebd.
[114] Friebertshäuser 1997 (S.371)
[115] vgl. Flick 2007 (S.28)

Die Möglichkeit im Anschluss an das Interview Nachfragen zu bestimmten Erzählpassagen zu stellen, ist ein weiterer positiver Aspekt für die umfassende Generierung von Daten. Nachteile können der Einfluss des/der Interviewenden, möglicherweise auftretende Missverständnisse sowie Schilderungen des/der Interviewten sein, die sich stark an dem orientieren, was als sozial erwünscht gilt und somit zu Verfälschungen führen können.[116]

Um zu vermeiden, dass große Mengen kaum untersuchungsrelevanten Materials erhoben werden und dass für die Untersuchung interessante Themen von den Interviewten selbst nicht angesprochen werden, wurde die Datenerhebungsmethode modifiziert und um eine Themenzentrierung ergänzt.[117] Da es nicht nötig sein wird, die gesamte Biographie der Pflegeeltern zu erfassen, soll für den Interviewer die Möglichkeit bestehen, spezifische Kernthemen anzusprechen. Dies geschieht nicht nach dem Prinzip eines Leitfadeninterviews, sondern wird als Unterstützung für die Interviewten in den natürlichen Ablauf des Interviews eingeflochten, um ertragreiche Erzählstränge bei den Interviewpartnern auszulösen. Solche, zumeist in Form von Nachfragen gesetzten Impulse, sind nach Gabriele Rosenthal (2008) von erheblicher Bedeutung. Sie vermitteln den Interviewten Interesse und Wertschätzung. Zudem unterstützen und bestärken sie die Erzählenden bei weiteren, auch für sie selbst bedeutsamen Klärungen des bereits Erwähnten.[118]

Ein Problem – das auch für alle anderen qualitativen Erhebungsverfahren gilt – liegt darin, dass immer dann, wenn Menschen miteinander kommunizieren und interagieren, Inszenierungen stattfinden.[119] Als Forscher muss man daher den Versuch unternehmen, während der Datenerhebung die eigenen Inszenierungen und die der Gesprächspartner wahrzunehmen und bei der Analyse zu berücksichtigen. Um sich dieser Einflussgröße bewusst zu werden, statt sie als unbedeutsam zu negieren, bedarf es einer selbstreflexiven Auseinandersetzung mit dem erhobenen Datenmaterial. Dies lässt sich nach meinem Eindruck unter anderem durch folgende Fragen erreichen:

---

[116] vgl. Friebertshäuser 1997 (S.371)
[117] vgl. Reinders 2005 (S.103)
[118] vgl. Rosenthal 2008 (S.148)
[119] vgl. Goffmann 1969

- An welchen Stellen erhöht sich der Einfluss des Interviewers/der Interviewerin auf die Aussagen der befragten Personen?
- In welchen Phasen liegt ein erhöhter Redeanteil bei dem Interviewer/der Interviewerin?
- Vermittelt der Interviewer/die Interviewerin seinem Gegenüber Interesse an spezifischen Aussagen?

2.1.4 Auswertungsverfahren

Mayring (2002) verweist hinsichtlich der Auswahl geeigneter Analyseinstrumentarien darauf, „...wie wichtig es ist, das Schuldenken zu überwinden und zu einer stärkeren Integration qualitativer Ansätze zu gelangen. [...] Die Auswahl von Untersuchungsplan und Techniken der Erhebung, Aufbereitung und Auswertung, die Zusammenstellung des konkreten Analyseinstrumentariums also muss auf den Gegenstand und die Fragestellung der Untersuchung bezogen sein. Sie soll nicht durch persönliche Vorlieben oder Schuldenken des Forschers vorwegbestimmt sein. [...] Kreative, qualitativ orientierte Forschung bedeutet Vielfalt, nicht Einseitigkeit, bedeutet Gegenstandsbezogenheit, nicht Methodenfixiertheit."[120]

Die Notwendigkeit dieses Anspruchs wird besonders bei der Aufbereitung und Auswertung der Daten deutlich. Es wäre unzureichend, hier nach einem bis ins letzte Detail durchdeklinierten Muster vorzugehen. Stattdessen erfordern die Besonderheiten der Untersuchung, die Einzigartigkeit der befragten Personen und die daraus resultierende Vielfältigkeit des Materials eine ständige Modifizierung und Anpassung der Auswertungsmethoden. Dies erscheint unerlässlich, um den erhobenen Daten die untersuchungsrelevanten Ergebnisse zu entlocken.

Die Untersuchung folgt einer sorgfältigen und transparenten Systematik. Mayring nennt in diesem Zusammenhang „Regelgeleitetheit" als ein wichtiges Gütekriterium qualitativer Forschung.[121]

Eine Orientierungshilfe leisten außerdem die Darstellungen zum „Themenzentriert-komparativen-Auswertungsverfahren" von Karl Lenz (1986)[122] und eine

---

[120] Mayring 2002 (S.133); vgl. Wolf 1999 (S.45)
[121] Mayring 2002 (S.145)
[122] vgl. Lenz 1986 (S.144 ff.)

leicht modifizierte, auf dieses Verfahren bezogene Auswertungssystematik von Klaus Wolf (1999).[123]

Die Auswertung des Interviews verläuft für die vorliegende Arbeit nach drei Phasen.[124] Die erste Phase der Auswertung wird als „Auswertungsvorbereitung" beschrieben. Die zweite Phase beinhaltet die „Identifizierung von Themenkomplexen" und eine dritte Phase umfasst den gesamten Bereich der „Themenanalyse".[125] Mayring beschreibt den Grundgedanken zur „Gegenstandsbezogenen Theoriebildung" folgendermaßen: „Gegenstandsbezogene Theoriebildung geht davon aus, dass der Forscher während der Datensammlung theoretische Konzepte, Konstrukte, Hypothesen entwickelt, verfeinert und verknüpft, sodass Erhebung und Auswertung sich überschneiden".[126]

Es bleibt festzuhalten, dass die vorliegende Untersuchung nicht den Anspruch erhebt, einem strengen theoretischen Ablaufmodell zu folgen. Vielmehr liegt ein besonderer Reiz der Arbeit darin, das Erleben von Belastungen und Ressourcen aus der Perspektive von Pflegeeltern nachzuvollziehen und es auf wissenschaftlicher Grundlage zu rekonstruieren. Von besonderer Relevanz ist dabei ein Zugang zum Datenmaterial, das in der qualitativen Sozialforschung als sozialwissenschaftlich-hermeneutische Paraphrase beschrieben wird. Dazu schreibt Mayring: „Verstehen soll sich im hermeneutischen Zirkel [...] vollziehen, d.h. die Alltagstheorien, wissenschaftlichen Theorien und subjektiv-biografischen Erfahrungen der Forscher sollen an das Material herangetragen und im Prozess der Interpretation schrittweise verändert werden. Das Endprodukt ist dann eine Deutung des Materials, durch die die subjektiven Perspektiven der Interviewten nachvollzogen, expliziert werden sollen."[127]

Der gesamte Auswertungsprozess orientiert sich an den Ideen der Grounded Theory[128] – und somit an einer Forschungsmethode „[...] zur Erarbeitung von in empirischen Daten gegründeten Theorien".[129] Die auch als „gegenstandsveran-

---

[123] vgl. Wolf 1999 (S.49 ff.)
[124] Da sich die Auswertung im Rahmen dieser Arbeit auf ein einzelnes Interview beschränkt, wird auf die ursprünglich vierte Phase – der „Vergleich der erzielten Ergebnisse zwischen den Interviews" – sowie die fünfte Phase – die „Entwicklung von Theorien" verzichtet.
[125] vgl. Lenz 1986 (S.145 f.)
[126] Mayring 2002 (S.105)
[127] ebd. (S.111)
[128] vgl. Strauss, Corbin 1996
[129] Strübing 2004 (S.13)

kerte Theorie" bekannte Methodologie bietet die Möglichkeit der Annäherung an das Material, da sie die Daten im Auswertungsprozesses auf der Grundlage von Kodierungsprozessen aufbricht und dadurch Interpretationen zugänglich macht.[130]

Bei der Auswertung des Datenmaterials ist ein induktives Vorgehen von zentraler Bedeutung. Hierunter versteht man eine Ableitung von Fragen und Themen, die sich aus dem Datenmaterial ergeben. Dabei werden die jeweiligen Belastungen und Ressourcen der Pflegeeltern innerhalb eines Kategoriensystems verortet, welches sich über drei Ebenen erstreckt:[131]

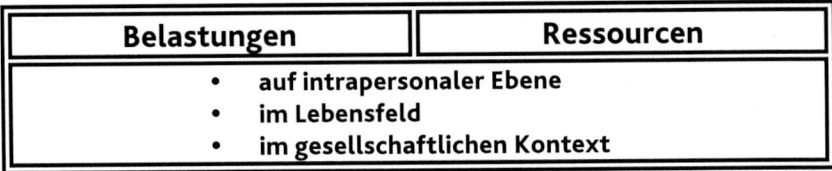

Belastungen	Ressourcen
• auf intrapersonaler Ebene • im Lebensfeld • im gesellschaftlichen Kontext	

Tabelle 1: Drei-Ebenen-Tabelle

Im Rahmen der Forschungswerkstatt Pflegekinder an der Universität Siegen wurde dieses Verfahren ausführlich diskutiert und hinsichtlich seiner Anwendbarkeit für die Codierung und Auswertung von Interviews mit ehemaligen Pflegekindern erfolgreich geprüft. Die besondere Stärke dieses Vorgehens liegt in der Möglichkeit zur systematischen Differenzierung zwischen persönlichen und umweltbezogenen Einflussfaktoren. Hinsichtlich der Entwicklung eines für diesen Zweck tauglichen Kategoriensystems habe ich mich an den Vorschlägen von Derek Layder (1993) orientiert.[132]

Bei dem entwickelten Vorgehen wird der Fokus auf ausgewählte Bereiche des sozialen Lebens gelegt. Neben der Berücksichtigung der Mikroebene wird auch die Makroebene in die Datenanalyse einbezogen, ohne von einer grundsätzlichen Hierarchie zwischen den beiden Ebenen auszugehen. Der gesellschaftshistorische Kontext, vor dessen Hintergrund die Interviewten ihre Geschichte erzählen, wird an dieser Stelle noch vernachlässigt.

---

[130] vgl. Jespersen 2011 (Kapitel 3.2)
[131] vgl. Kapitel 3.3: Vorstellung der Untersuchungsergebnisse
[132] vgl. Layder 1993

Einige Aspekte des Ebenen-Modells wurden vor dem Hintergrund ihrer Anwendung modifiziert. Die erste Ebene des Kategoriensystems ist Layders Modell sehr ähnlich. Während ich von der intrapersonalen Ebene spreche, betont Layder auf seiner ersten Ebene die Bedeutung des Selbst und des Individuums.[133] Auf der zweiten Ebene fokussiert Layder die soziale Interaktion zwischen Personen und auf der dritten Ebene das Setting, in dem sich die Personen bewegen. Mein Kategoriensystem subsumiert diese beiden Aspekte unter der Ebene des Lebensfelds. Dazu gehören die Beziehungen zu anderen Personen und deren Funktionen sowie das Setting einer Person. Auf der dritten Ebene beziehe ich mich auf den gesellschaftlichen Kontext und seinen Einfluss auf die betroffene Person. Layder nennt seine vergleichbare Ebene ebenfalls Kontext.

Was an dieser Stelle möglicherweise noch recht sperrig klingt, wird zu Beginn des Ergebnisteils dieser Arbeit unter der Verwendung von Beispielen aus den Interviews deutlicher und praxisbezogener dargestellt.[134]

---

[133] An dieser Stelle spreche ich von „meinem Kategoriensystem", wobei die Entwicklung auf eine gemeinsame Erarbeitung innerhalb der Forschungsgruppe Pflegekinder zurückzuführen ist.

[134] vgl. Kapitel 3.3: Vorstellung der Untersuchungsergebnisse

2.2   Datenerhebung

In diesem Abschnitt wird beschrieben, welche Überlegungen die Vorbereitung, Umsetzung und Nachbereitung der Datenerhebung begleitet haben. Im Rahmen des zu Beginn von Kapitel 2.1 genannten Forschungsprojektes „Ressource Pflegeeltern" habe ich 40 Pflegemütter und Pflegeväter interviewt. Alle Interviews wurden als Audioformate digital aufgezeichnet. Während sich die Beschreibung der Datenerhebung auf die Durchführung mehrerer Interviews bezieht, erfolgte die sorgfältige Auswertung auf der Grundlage eines Interviews. Hierfür wurde ein besonders ergiebiges Interview mit einem Pflegeelternpaar ausgewählt und analysiert. Die Entscheidung zur Verwendung eines einzigen Interviews wurde getroffen, um dem umfangreichen Material sowie der Systematik und der Genauigkeit der Bearbeitung im Rahmen dieser Arbeit gerecht zu werden. Ferner ist dies auch als Versuch zu verstehen, dem verbreiteten Missverständnis entgegenzutreten, qualitative Sozialforschung könne durch die Analyse von mehreren Einzelfällen den Status von Repräsentativität (fast) erreichen.[135] Diese Arbeit soll daher zeigen, dass bereits auf der Grundlage eines sehr sorgfältig analysierten Einzelfalles relevante Untersuchungsergebnisse erzielt werden können. Die Untersuchung der Belastungen und Ressourcen von Pflegeeltern wird zukünftig durch die schrittweise Analyse kontrastiv ausgewählter Fälle erweitert („theoretical sampling").[136] Das Erfordernis, eine umfassendere Untersuchung durch die Auswahl eines ersten Einzelfalls zu beginnen – also mit dem ersten Schritt zu starten – soll mit der vorliegenden Arbeit erfüllt werden.

2.2.1   Vorbereitung

In der Vorbereitungsphase der Untersuchung wurde zunächst ein Zugang zu den Untersuchungspersonen hergestellt. Dabei ist es dienlich, über Verbindungspersonen zu verfügen, die bei der Vermittlung von potentiellen InterviewpartnerInnen behilflich sein können. Dies gelang durch die freundliche Unterstützung der MitarbeiterInnen des am Projekt beteiligten sozialen Dienstes. Die Vorbereitungen und Absprachen verliefen immer in einem sehr wohlwollenden Rahmen, so dass der sichere Eindruck entstand, dass alle Beteiligten großes Interesse am Gelingen der Untersuchung hatten. Für die konkrete Pla-

---

[135] vgl. Thole 2005 (S.61)
[136] vgl. Strauss, Corbin 1996 (S.148 ff.)

nung und Durchführung der Interviews mit den Pflegeeltern war dies äußerst hilfreich.

Vor der Kontaktaufnahme mit den Pflegeeltern wurde eine thematische Fokussierung entwickelt, die für den Interviewer als Vorbereitung für die Interviews verstanden werden kann. Dabei wurde festgehalten, dass die Pflegemütter und Pflegeväter gebeten werden sollten, über ihre Erfahrungen als Pflegeeltern zu erzählen. Dies sollte möglichst in einer Reihenfolge geschehen, die sich an der Chronologie des Pflegeverhältnisses orientiert: Beginnend von der ersten Idee, ein Pflegekind aufzunehmen, über die Aufnahme und die vielfältigen Erfahrungen in der Betreuung bis ggf. zum Ende der Betreuung. Um die Pflegeeltern hinsichtlich ihrer Erzählungen zu spezifischen Phasen und Themen innerhalb eines Pflegeverhältnisses zu unterstützen, wurden folgende Fragen vorbereitet, um den Erzählfluss unterstützen zu können. Die Fragen wurden – bis auf die erste Frage, die als Erzählimpuls gelten kann – allerdings nicht kategorisch abgearbeitet, sondern bei Bedarf in den Gesprächsablauf eingeflochten:

- Wie sind Sie zum ersten Mal auf die Idee gekommen, ein Kind aufzunehmen? (Erzählimpuls)
- Was ist passiert, bis Sie sich entschieden haben, ein Kind aufzunehmen?
- Wie verlief die Auswahl des Kindes?
- Können Sie sich noch an Ihre erste Begegnung erinnern?
- Was ist seit der Aufnahme Ihres Kindes passiert?
- Wenn Sie eine Bilanz ziehen würden: Was ist nach Ihrem Eindruck richtig gut gelaufen? Was ist nach Ihrem Eindruck eher schlecht gelaufen?
- Fällt Ihnen aus dem Stegreif etwas ein, was Ihnen Ihre Tätigkeit erleichtern würde?
- Was ist das Besondere an Ihrem Kind?[137]

Die Pflegeeltern sollten als ExpertInnen ihrer eigenen Lebenserfahrungen befragt werden. Dafür bestand die Notwendigkeit, dass ihnen das Verständnis vermittelt wurde, dass ihre persönliche Sichtweise gefragt ist und sie über die-

---

[137] Mit Absicht wurde der Fokus durch die Fragen nicht auf die Behinderung oder Erkrankung der Pflegekinder gelenkt, um den Pflegeeltern genügend Raum für weitere Themen und Schwerpunkte zu lassen. Dadurch sollten die Pflegeeltern die Möglichkeit erhalten, ihre eigenen Relevanzsysteme im Laufe des Interviews zu entfalten.

se in einer wohlwollenden Atmosphäre erzählen können. Vor jedem Interview wurde mit den Pflegeeltern ein telefonisches Vorgespräch geführt, um sie über das Projekt im Allgemeinen zu informieren, organisatorische Absprachen zu treffen und über den telefonischen Kontakt ein erstes Kennenlernen zwischen Interviewer und Interviewten zu ermöglichen. Da die Interviews mit einer Ausnahme[138] im Wohnfeld der Pflegefamilien stattfanden, war die Gestaltung des Gesprächsarrangements im wesentlichen abhängig von den interviewten Pflegeeltern. Alle Pflegeeltern wurden zu Beginn des Interviews über den Zweck und die weitere Bearbeitung der Audio-Aufzeichnung aufgeklärt.

2.2.2   Durchführung

Bei der Durchführung der Interviews fielen einige Besonderheiten wiederholt auf, so dass es mir wichtig erscheint, diese zu benennen. Die Pflegeeltern hatten sich zu einem großen Teil viel Mühe gegeben, eine angenehme Gesprächsatmosphäre zu arrangieren. Dazu gehörte neben dem zeitlichen Rahmen, den sich fast alle eingeräumt hatten – zum Teil dauerten die Interviews mit beiden Pflegeeltern bis zu vier Stunden – auch die aufwändige Vorbereitung und Versorgung mit Getränken und Gebäck bis zu vollständigen Mahlzeiten. In diesen Situationen war es mehrfach notwendig, von meinem ursprünglichen Vorhaben – Einzelinterviews zu führen – abzurücken. Während sich einige Pflegeväter und Pflegemütter gerne zu Einzelinterviews bereit erklärten und andere recht schnell betonten, dass sie gerne gemeinsam interviewt werden wollten, gab es auch solche Situationen, in denen aufgrund des Arrangements deutlich wurde, dass eine Trennung des Pflegeelternpaars durch den Interviewer nicht gesprächsförderlich gewesen wäre. So musste an einigen Stellen die zuvor festgelegte Erhebungsmethode flexibel modifiziert werden. Manchmal waren auch Kinder und/oder Pflegekinder während des Interviews anwesend.

Die meisten Pflegeeltern schienen sich auf das Interview gefreut zu haben. Mir kam es so vor, als gäbe es bei den Pflegeeltern ein großes Bedürfnis nach gesellschaftlicher Aufmerksamkeit hinsichtlich ihrer Pflegekinder und der eigenen Tätigkeit. Viele machten auch während des Gesprächs den Eindruck, dass es für sie angenehm sei, ihre Geschichte erzählen zu können. Erstaunlich war für mich auch die grundsätzlich positive Haltung der Pflegeeltern gegenüber ihrem

---

[138] Ein Pflegevater wurde auf dessen Wunsch hin an seinem Arbeitsplatz interviewt, was jedoch aufgrund der hohen Ablenkung durch auftretende Störungen nicht sehr ertragreich war.

betreuenden sozialen Dienst. In keinem Interview gab es negative Äußerungen gegenüber dessen Unterstützungsleistungen. Ich empfand diese Besonderheit vor dem Hintergrund meiner eigenen beruflichen Erfahrungen überraschend. Es wäre aus der reinen Forschungsperspektive natürlich interessant gewesen, die (fehlende) Begleitung durch den sozialen Dienst an einigen Stellen als Belastung für die Pflegeeltern auswerten zu können. Ich greife den Ergebnissen nicht zu weit vor, wenn ich bereits an dieser Stelle darauf hinweise, dass der Bereich „Belastungen, die durch den betreuenden sozialen Dienst entstehen" für diese Arbeit keine besondere Bedeutung haben wird.

Ich möchte einige Aspekte benennen, die man beim Lesen über die Interviewführung für selbstverständlich erachten könnte, die aber während der Durchführung selbst von großer Bedeutung waren. Für mich war es hilfreich, mich auf einige Punkte zu konzentrieren, um Interviewerfehler zu vermeiden. So war es wichtig, meinem Gegenüber während des Gesprächs in die Augen zu schauen und keine der Aussagen zu kommentieren, um den Erzählfluss nicht zu bremsen. In der Erwartung, dass dies die Ausführungen fördern würde, verhielt ich mich gegenüber meinen Gesprächspartnern zustimmend und erwiderte emotionale Reaktionen verständnisvoll, um deren subjektive Wahrnehmung zu bestätigen. Außerdem versuchte ich bei aufkommenden Gesprächspausen geduldig vorzugehen, um den Interviewten die Möglichkeit zu geben, nach einer Unterbrechung ohne erneute Anregung weiter zu erzählen. Erstaunlich gut ließen sich Nachfragen zu bereits angesprochenen Themenkomplexen einfügen, indem ich eigene Annahmen und Wissensbestände aktiv verdeckt hielt und die Pflegeeltern darum bat: „... mir das doch bitte noch etwas genauer zu erklären..." Darüber hinaus versuchte ich, das Verhalten meines Gegenübers möglichst genau zu beobachten, in der Hoffnung, dadurch dessen Befindlichkeiten einschätzen zu können. Zum Abschluss des Gesprächs war mir wichtig, den Interviewpartnern meinen Dank und meine Anerkennung auszusprechen.

Der folgende Aspekt bezieht sich auf die Selbstwahrnehmung als Interviewer. Ich fand es bedeutsam, die während des Gesprächs bei mir auftretenden Resonanzen wahrzunehmen, auch um sie als mögliche Erkenntnisquelle für die spätere Interpretation des Materials verwenden zu können. Darüber hinaus scheint mir dieses Vorgehen auch im Hinblick auf selbstreflexive Erkenntnisse hinsichtlich eigener Wertvorstellungen und Vorannahmen für den Rahmen dieser Arbeit relevant zu sein.

In diesem Zusammenhang möchte ich zwei Aspekte vorstellen: Im Laufe der ersten Interviews, die ich mit den Pflegemüttern und Pflegevätern führte, wuchs in mir das Bedürfnis, diesen Personen meine Anerkennung und Wertschätzung für das, was sie tun, auszudrücken. Ich hatte bis zu diesem Zeitpunkt nur wenige Kenntnisse über das Zusammenleben von Kindern mit einer Behinderung und/oder lebensbedrohlichen Erkrankungen mit ihren übrigen Familienmitgliedern. Die Reaktion der Pflegeeltern fiel unmissverständlich aus, der Tenor lautete ungefähr: „Da müssen Sie gar nicht beeindruckt sein. Das ist halt unser Leben. Da denkst du nicht jeden Tag nach, ob das jetzt besonders ist oder nicht. Das ist einfach ganz normal." Mit dieser Arbeit ist auch die Hoffnung verbunden, einen Einblick gewähren zu können in das, was die Pflegeeltern als „einfach ganz normal" erleben und bewerten.

Eine weitere Überraschung war für mich mit der Anzahl der Pflegekinder verbunden, die in den Familien lebten. Vor Beginn der Untersuchung war ich davon ausgegangen, dass in jeder Pflegefamilie die beiden Pflegeeltern und eventuell deren leibliche Kinder mit einem Pflegekind mit Behinderung und/oder chronischer Erkrankung zusammenleben würden. Diese Vorstellung musste ich korrigieren, als ich die vielfältigen Zusammensetzungen der Pflegefamilien kennen lernte. In unterschiedlichster Anzahl traf ich auf Pflegekinder und leibliche Kinder mit und ohne Behinderung, Teenager und junge Erwachsene. Darüber hinaus lebten einige Pflegeeltern getrennt, gingen ihrer Tätigkeit alleinerziehend nach oder lebten in einer neuen Partnerschaft, zum Teil mit den leiblichen Kindern des neuen Partners zusammen. Diese von mir nicht erwartete Vielfalt hat dazu beigetragen, mein bis dahin traditionelles Pflegefamilienbild zu korrigieren. Ich werde die Vielfalt und Heterogenität der Pflegefamilien durch die Verwendung von Originalzitaten an einigen Stellen der Auswertung verdeutlichen.

2.2.3   Nachbereitung

In der Nachbereitung wurde einigen Aspekten besonders beachtet. So war es wichtig direkt im Anschluss an die Gespräche zu notieren, welche Eindrücke und Gefühle ich hinsichtlich der Gesprächsverläufe, der Pflegefamilie und meiner eigenen Person in der Rolle des Interviewers hatte. Im Anschluss daran hörte ich mir die Aufzeichnung zum ersten Mal an und machte mir erste Notizen zu einigen Gesprächspassagen. Dabei versuchte ich möglichst zeitnah festzuhalten, welche Gesten und anderen nonverbalen Signale der Pflegeeltern mir aufgefallen waren. Zusätzlich notierte ich auffällige Schwächen während der Interviewführung, um eine Wiederholung in den folgenden Gesprächen zu vermeiden. Ich bemühte mich beispielsweise kontinuierlich, die zuvor festgelegten methodischen Strukturen flexibler zu handhaben, ohne mich zu weit von diesen zu entfernen. In der Folge entwickelten sich insbesondere dann sehr umfangreiche und ergiebige Interviews, wenn die Pflegeeltern sicher waren, die Gesprächssituation kontrollieren zu können. Dazu gehörte zum Beispiel die Akzeptanz der von den Pflegeeltern gewünschten Paarinterviews oder auch das Einlassen auf Nebengespräche, wenn diese durch die Pflegeeltern gewünscht wurden.[139]

---

[139] Sicherlich prüften die Pflegeeltern durch einige Vor- und Nebengespräche mit mir auch, ob ich in ihren Augen als geeigneter Gesprächspartner taugen würde, bevor sie mir ihre Familiengeschichte offenbarten. Dies erschien mir sehr nachvollziehbar und ich bemühte mich, den Pflegeeltern authentisch und ehrlich zu begegnen.

2.3   Transkription

Für die Erstellung eines Transkriptes ist es wichtig, nach zuvor festgelegten Regeln zu arbeiten.[140] Durch die Anfertigung einer Transkription werden die verbal erhobenen Daten umfassend auswertbar und vergleichbar.[141] Das verschriftlichte Interview hat allerdings nicht nur Vorteile, sondern es handelt sich immer auch um einen „zwangsläufig verarmten" Text.[142] In einem solchen Text lassen sich nicht alle feinen Nuancen und Facetten der Kommunikation darstellen. Ebenso ist es nicht möglich, anhand eines Tonbands alle Regungen und nonverbalen Interaktionsvorgänge wahrzunehmen. Vermutlich ist ein partieller Verlust, bzw. eine Verkürzung des Materials aber notwendig, um überhaupt zu Kernaspekten der Untersuchung vordringen zu können. Um eine höhere Genauigkeit der Transkription zu gewährleisten, bietet es sich an, mehrere Korrekturschleifen durchzuführen. Sowohl zeitliche Nähe, als auch Distanz zum tatsächlichen Gespräch sind hilfreich, um den Inhalt der undeutlichen Passagen Wort für Wort erfassen zu können. Ein günstiger Nebeneffekt liegt in der häufigen und erneuten Vergegenwärtigung des Materials. Dadurch entsteht die Möglichkeit, schon während dieses Arbeitsschrittes erste Ideen, Vermutungen und Interpretationen an die Daten heranzutragen. Nach der vollständigen Transkription der Interviews ist es notwendig, die vorhandenen orts- und personenbezogenen Daten zu anonymisieren. Alle Namen von Personen, Städten, Institutionen, öffentlichen Orten sowie Geburtsdaten wurden so verändert, dass keine Rückschlüsse auf die tatsächlich Beteiligten möglich sind. Für diesen Vorgang ist die Erstellung eines Datenblattes hilfreich, das bei der späteren Übersetzung zwischen Originaldaten und anonymisierten Daten helfen kann.

Neben einigen vollständigen Transkripten wurden zudem mehrere Teiltranskripte angefertigt. Die Auswahl dieser Teiltranskripte erfolgt vor dem Hintergrund thematischer Fokussierungen und kann daher hinsichtlich des Umfangs stark variieren. Die weiteren Voll- und Teiltranskripte werden zu einem späteren Zeitpunkt innerhalb des Forschungsprojektes zur Kontrastierung und somit Erweiterung des Untersuchungsgegenstandes verwendet.

---

[140] Die verwendeten Transkriptionsregeln orientieren sich am Modell der „kommentierten Transkription" von Kallmeyer/Schütze, 1976 nach Mayring 2002 (S.92 ff.)
[141] vgl. Mayring 2002 (S.89)
[142] Lenz 1986 (S.145)

2.4 Auswertung

Unmittelbar nach den Interviews notierte ich meine ersten Eindrücke zur Gesprächssituation. Dabei wurde festgehalten, wie ich die Pflegeeltern und mich selbst während des Gesprächs wahrgenommen hatte. Außerdem vermerkte ich, welche Phasen des Gesprächs mir aus meiner Erinnerung besonders relevant erschienen. Die Aufzeichnungen wurden dann möglichst zeitnah – in einem Rahmen von ca. drei Stunden nach den Interviews – angehört. Ich gab sowohl den Gesprächspassagen Überschriften, die den Pflegemüttern und Pflegevätern besonders wichtig zu sein schienen, als auch jenen, die für mich besonders bedeutsam waren. Diese Überschriften verknüpfte ich mit der jeweiligen Laufzeit der Aufzeichnung. Auf diese Weise erhielten die Aufnahmen eine erste Ordnung, wodurch mir später die Orientierung innerhalb des Interviews leichter fallen sollte. Zusätzlich markierte ich in gleicher Weise Aussagen der Pflegeeltern, die mir so elementar vorkamen, dass ich sie bei den weiteren Durchgängen auf gar keinen Fall überhören bzw. übersehen wollte. Hieraus resultierte eine erste Gewichtung der Aussagen.

In einer zweiten Auswertungsphase – für die das vollständig transkribierte Interview vorlag – führte ich mehrere Lesedurchgänge durch, bei denen ich meine weiteren Eindrücke festhielt. Dabei markierte ich einzelne Sequenzen und entwickelte erste Interpretations- und Erklärungsversuche, die darauf abzielten, die Aussagen der Pflegeeltern in ihren Sinnzusammenhängen zu rekonstruieren und zu verstehen.[143]

In den nächsten Lesedurchgängen fokussierte ich jene Sequenzen, die sich bestimmten Oberthemen zuordnen ließen. Dabei konzentrierte ich mich auf Passagen, in denen die Pflegeeltern zum einen von Belastungen und Ressourcen berichteten und zum anderen versuchten, bestimmte Haltungen, Vorstellungen und Strategien zu erklären. Unter Verwendung der Computersoftware MAXQDA® gelang es, eine systematische Ordnung der Ressourcen und Belastungsquellen der Pflegeeltern vorzunehmen. Das gesamte Interview wurde auf diese Weise codiert und alle für die Untersuchungsfrage relevanten Sequenzen wurden mit einer Überschrift versehen.[144] Anschließend wurden diese Überschriften einem Code zugeordnet, der sich auf eine nächst höhere Ab-

---

[143] vgl. Lenz 1986 (S.146)
[144] Andy Jespersen (2011) beschreibt sehr ausführlich den Prozess von Codiervorgängen im Rahmen seiner Untersuchung eines Pflegelternforums (vgl. Kapitel 3.3.2)

straktionsstufe bezieht, um das komplexe Kategoriensystem übersichtlicher und somit auch nutzbar zu gestalten. Auf diese Weise gelang es, ein Kategoriensystem auf der Grundlage des Interviewmaterials zu entwickeln, das die Belastungen und Ressourcen der Pflegeeltern umfasst. Zusätzlich zu den Codierungen der Belastungen und Ressourcen wurden alle Sequenzen erfasst und in eine systematische Ordnung gebracht, in denen die Pflegeeltern selbstreflexive Erklärungen entwickelten, die sich auf persönliche Ansichten, Haltungen und Handlungsstrategien bezogen. So wurde es möglich, eine Annäherung an die Deutungsmuster, Sinnkonstruktionen, Selbstdefinitionen und Bewältigungsstrategien der Pflegeeltern vorzunehmen.

In der dritten Auswertungsphase wurde ein Teil der Interpretationen überprüft, indem ihnen Lesarten und Deutungen der MitarbeiterInnen des begleitenden sozialen Dienstes gegenübergestellt wurden, die diese im Rahmen eines Workshops entwickelt hatten. Dafür wurden den MitarbeiterInnen einzelne zuvor ausgewählte, anonymisierte Interviewsequenzen vorgestellt. Darüber hinaus wurde das entwickelte Kategoriensystem einer zielgerichteten Analyse unterzogen. Neben einer Überprüfung und Korrektur des Kategoriensystems durch Mitglieder der Forschungsgruppe Pflegekinder der Universität Siegen wurde ein multiperspektivischer Zugang zu Lesarten und Interpretationen des Materials entwickelt. In diesem Zusammenhang wurden folgende Fragen erörtert:

- Was fällt den Betrachtern sofort ins Auge? Was überrascht?
- Was fehlt? Womit hat man gerechnet?
- Welche Schlussfolgerungen lässt das Kategoriensystem zu mit Blick auf a) Theorieentwicklung und b) praxisrelevante Aspekte?

Schließlich wurden die beiden Schwerpunktthemen Belastungen und Ressourcen gemeinsam betrachtet und hinsichtlich ihrer Verbindung zueinander analysiert. Die Leitfragen für diesen Auswertungsvorgang lauteten:

- Wie stellen die Pflegemütter und Pflegeväter eine Balance zwischen Belastungen und Ressourcen her?
- Was stützt oder gefährdet die Sinnkonstruktionen der Pflegeeltern?
- Welche spezifischen und für Pflegeeltern allgemeinen Aspekte lassen sich unterscheiden?

Teil 3: Untersuchungsergebnisse

Vor der nun folgenden Präsentation der Untersuchungsergebnisse werden zunächst die Reichweite und die Grenzen der Untersuchung beschrieben. Anschließend wird die Pflegefamilie vorgestellt, auf deren Fallgeschichte sich die nachfolgenden Ergebnisse beziehen. Das Kernstück des Kapitels bildet eine ausführliche Darstellung des aus einem Einzelfall abgeleiteten Kategoriensystems. Die Befunde werden anschließend im Hinblick auf allgemeine und spezifische Aspekte des Pflegeverhältnisses beleuchtet. Schließlich werden einige entscheidende Ergebnisse unter Berücksichtigung ihrer theoretischen und praxisrelevanten Bedeutung diskutiert.

3.1 Reichweite und Grenzen der Ergebnisse

Die Reichweite der Untersuchung und ihrer Ergebnisse wird insbesondere durch zwei Faktoren begrenzt. Auch wenn Hinweise auf diese Grenzen bereits an früheren Stellen dieser Arbeit benannt wurden, sollen sie nun im Vorfeld der Ergebnispräsentation genauer skizziert werden, um Missverständnissen vorzubeugen und um die Verfahrensdokumentation abzuschließen.[145]

Die erste Begrenzung der Ergebnisse liegt in der Natur der Analyse eines Einzelfalls. Bei einer qualitativen Untersuchung von Einzelfällen kann es nicht um die Ableitung repräsentativer Ergebnisse gehen. Daher wird eine grundsätzliche Übertragbarkeit auf andere Pflegeeltern von Kindern mit Behinderung und/oder chronischen Erkrankungen ebenso wenig möglich sein wie eine Übertragung auf Pflegeeltern oder Eltern im Allgemeinen. Nichtsdestotrotz können die Ergebnisse hinsichtlich ihrer Bedeutung für andere Gruppen von Pflegeeltern und Eltern überprüft werden.

Eine weitere Besonderheit liegt in der Fokussierung auf eine spezifische Gruppe von Pflegeeltern. Neben Themen, die vermutlich auch für andere Mütter und Väter, Pflegemütter und Pflegeväter relevant sind, ragt ein spezifisches Merkmal der befragten Pflegeeltern heraus: die Behinderungen und Erkrankungen ihrer Pflegekinder.

---

[145] vgl. Thole 2005 (S.61)

Wie bereits beschrieben wird die vorliegende Arbeit als erster Schritt eines Etappenziels definiert.[146] Dabei geht es um die Entwicklung eines statischen Modells, in dem die beschriebenen Belastungen und Ressourcen aufgelistet werden. Für das ausgewählte Interview wird je eine Art „Landkarte" entwickelt, die Belastungen und Ressourcen der interviewten Pflegeeltern grafisch darstellt und diese für die weitere Analyse und Diskussion sichtbar und nutzbar macht. Die Ergebnisse werden Hinweise darauf geben,

- welche Unterstützungen Pflegeeltern fehlen und was ihre Tätigkeit sowie das Zusammenleben mit Pflegekindern bisher erschwert hat
- welche Unterstützungen Pflegeeltern benötigen und was ihnen ihre Tätigkeit sowie das Zusammenleben mit Pflegekindern erleichtert.

Um die Reichweite der in dieser Untersuchung entwickelten Ergebnisse zu vergrößern, wird die Analyse zukünftig mit kontrastiv ausgewählten Interviews erweitert.[147] Dieses Vorgehen wird in einem zweiten Arbeitsschritt im Rahmen eines geplanten Dissertationsprojektes verwirklicht.[148] An dieser Stelle sei bereits darauf hingewiesen, dass geschlechtsspezifische Unterschiede in dem hier untersuchten Einzelfall keine herausragende Bedeutung besitzen. An mehreren Stellen werden hingegen große Gemeinsamkeiten zwischen der Pflegemutter und dem Pflegevater deutlich, die einen ersten Hinweis darauf geben, dass die Bearbeitung des Geschlechterthemas nicht nur Trennendes sondern auch Verbindendes hervorbringt.[149]

---

146 vgl. Kapitel 2.1.1: Wie lautet das zentrale Erkenntnisinteresse der Untersuchung?
147 vgl. Strauss, Corbin 1996 (S.148 ff.)
148 vgl. Kapitel 4.2: Ausblick auf die Dissertation
149 Bei der zukünftigen Auswahl kontrastiver Fälle wird dieser Aspekt dadurch berücksichtigt, dass auch Interviews mit Pflegeeltern ausgewertet werden, bei denen Uneinigkeiten deutlich werden oder die beispielsweise getrennt voneinander leben.

3.2 Familie Seidel - Vorstellung der Pflegefamilie

Im folgenden Abschnitt werden die Familienmitglieder der Pflegefamilie Seidel[150] vorgestellt. Das Hauptaugenmerk liegt auf den Pflegeeltern und den Pflegekindern. Doch auch die leiblichen Kinder der Pflegeeltern sowie die leiblichen Eltern der Pflegekinder werden vorgestellt. Darüber hinaus wird die Wohnsituation der Pflegefamilie beschrieben. Die ausführliche Vorstellung soll den LeserInnen einen möglichst umfassenden ersten Eindruck von den beteiligten Personen und dem Alltag der Pflegefamilie ermöglichen. Dabei werden bereits an dieser Stelle die interviewten Pflegeeltern durch die Verwendung von charakteristischen Aussagen im originalen Wortlaut besonders authentisch wiedergegeben.[151] Alle nachfolgenden Informationen stammen aus den Schilderungen der Pflegeeltern. Es handelt sich also nicht um objektivierbare Tatsachen, sondern ausschließlich um subjektive Eindrücke der Pflegeeltern.

Die Pflegefamilie

Frau Seidel (42) und Herr Seidel (46) leben mit ihrem jüngsten leiblichen Sohn Tobias (17) sowie ihren beiden Pflegetöchtern Nina (13) und Kerstin (3) in einem eigenen Haus in einem Dorf in Norddeutschland. Das Ehepaar ist seit mehr als 25 Jahren verheiratet. Ihre beiden ältesten leiblichen Kinder Tanja (23) und Marco (21) leben nicht mehr im Haushalt der Eltern, haben jedoch einen engen Kontakt zu ihnen. Die Familie hat vor neun Jahren die damals 16jährige Petra aufgenommen. Sie konnte jedoch nicht in der Familie verbleiben, weil es aufgrund ihres selbstverletzenden Potentials zu großen Problemen kam, die den Pflegeeltern mit Blick auf ihre leiblichen Kinder zu gefährlich wurden.

Zu Beginn des Interviews bin ich allein mit Frau Seidel und dem Hund der Familie. Herr Seidel ist zu diesem Zeitpunkt mit Kerstin beim Hausarzt – die beiden kommen erst nach ungefähr einer Stunde dazu. Nina und Tobias sind ver-

---

[150] Alle Namen und Personendaten wurden anonymisiert.

[151] Die Zitate werden in einer geglätteten Form vorgestellt, um den LeserInnen das Einarbeiten in den originalen Wortlaut des Transkriptes zu ersparen. Die Veränderungen des Originaltextes beziehen sich sowohl auf den Dialekt als auch die Unterbrechungen des Textflusses aufgrund von Fülllauten. Auch die bestätigenden und Verständnis signalisierenden Kurzkommentare des Interviewers wurden für diesen Zweck entfernt. In Klammern wird am Ende einer Sequenz die Zeilenangabe notiert, um damit auf die jeweilige Stelle im Originaltranskript zu verweisen. Die Abkürzungen PM/PV/I stehen für Pflegemutter/Pflegevater/Interviewer.

mutlich in der Schule. Frau Seidel macht einen fröhlichen Eindruck, sie scheint sich auf das Gespräch gefreut zu haben. Sie bittet mich in das große Wohnzimmer, das durch einen Kamin sehr angenehm erwärmt wird. Man blickt von dort in eine zum Wohnzimmer hin offene Küche. Frau Seidel bietet mir einen Stuhl an einem großen Esstisch an, an dem acht Personen problemlos Platz finden würden und versorgt uns mit frischem Cappuccino. Bevor wir mit dem offiziellen Teil des Interviews starten, beginnen wir das Gespräch mit einer kurzen Smalltalk-Phase. Frau Seidel interessiert sich sehr für die unterschiedlichen Forschungsprojekte der Universität Siegen und besonders für die Projekte, in denen Pflegekinder selbst zu Wort kommen.

Frau Seidel ist gelernte Altenpflegerin. Nachdem sie ihre Mutter aufgrund einer Krebserkrankung im Haushalt der Familie pflegte, bis diese verstarb, wollte sie in einem Hospiz arbeiten. Dieser Wunsch ließ sich aufgrund von zwei Bandscheibenvorfällen jedoch nicht umsetzen. Frau Seidel überlegte daraufhin, welche Tätigkeit sie stattdessen ausüben könnte. Dabei war ihr wichtig, die berufliche Arbeit mit einer Tätigkeit zu verbinden, bei der sie anderen Menschen helfen konnte.

> PM: „Dieses würdige oder menschliche Begleiten in den Tod. Und dann kam die Bandscheibe, das konnte ich dann ja nicht und dann dachte ich, warum kannst du nicht was machen, was du kannst. Was dir Spaß macht und was einem anderen Menschen gut tut. Und wenn es wenigstens nur für zwei Wochen ist." (553)

Aufgrund ihrer positiven Erfahrung hinsichtlich der Pflege der eigenen Mutter bis zu deren Tod überlegte sich Frau Seidel, dass sie es sinnvoll fände, Kinder mit einer Behinderung oder begrenzter Lebenserwartung zu pflegen und zu begleiten und ihnen ein Zuhause anzubieten.[152]

> PM: „Und dann kamen wir, ich weiß nicht wie darauf, dass wir gerne mal ein Pflegekind haben würden. Und dann haben wir gesagt, Mensch, das ist ja klasse, auf den Gedanken sind wir noch gar nicht gekommen. Wir haben drei leibliche Kinder und sind noch gar nicht drauf gekommen. Und dann haben wir gesagt, wenn wir aber ein Kind holen würden, dann eins, was sterben soll. HIV infiziert, ja, so in die Richtung. Was dann so sterben dürfte wie wir es meiner Mutter gegönnt haben." (546)

---

[152] Das erste Pflegeverhältnis (Petra) war zu diesem Zeitpunkt bereits seit zwei Jahren aufgelöst.

Dieser Plan wurde zwar en detail nie umgesetzt, allerdings nahm Familie Seidel in der Folge Kontakt zum Vermittlungs- und Betreuungsdienst auf. Das führte schließlich zur Aufnahme von Nina in die Familie.

Herr Seidel ist gelernter Dachdecker und Versetzer. Der Beruf hatte viele Jahre eine sehr hohe Bedeutung für ihn und er verbrachte einen großen Teil seiner Zeit auf Montage. Seine Rolle als Vater konnte er daher zumeist nur an den Wochenenden erfüllen. Dies tat er in der begrenzten Zeit mit großer Freude. Herr Seidel unterstützte den Wunsch seiner Frau, ein Pflegekind in der Familie aufzunehmen. Im Laufe der Zeit und im Zusammenhang mit der Aufnahme einer weiteren Pflegetochter bemerkte Herr Seidel eine berufliche Unzufriedenheit.

> *PV: „Am Anfang hab ich es in Ordnung gefunden, auch dass sie im Hospiz arbeiten möchte. Mit den Pflegekindern auch, aber so richtig reingewachsen bin ich erst mit Nina. Wo ich also heute sag, hätte ich die Nina oder diese Art von den Pflegekindern fünfzehn Jahre oder zwanzig Jahre früher kennengelernt, hätte ich umgeschult. Auf einen pflegerischen Beruf. Weil der gibt mir mehr. Ja, die Arbeit, die ich bis zu dem Zeitpunkt leidenschaftlich gerne ausgeübt hab, wo ich auch immer gemeint habe, das ist die Arbeit, die ist für dich. Das liegt dir. Aber dadurch hab ich also doch bemerkt, nee, es gibt doch noch was, das dir mehr bringt." (1224)*

Es wurde ihm wichtiger, seiner Rolle als (Pflege-)Vater gerecht zu werden. Mit großen Anstrengungen und anfangs gegen die Widerstände seines Arbeitgebers und seiner Kollegen wechselte Herr Seidel von einer Vollzeit- in eine Halbtagsstelle, um in der Folge einen größeren Schwerpunkt seiner Tätigkeit auf den häuslichen, erzieherischen und pflegerischen Bereich der Familie zu verlagern.

> *PV: „Ach, dass sie es nicht wollten. Für halbtags hätten sie keine Arbeit für mich und dann auch nahegelegt, vielleicht was anderes zu suchen. Aber das wollte ich ja nicht. Wollte in der Firma ja gerne bleiben. So in diese Art ging das. Und dann hieß es: ,Ja, wir probieren es mal', und dann ist das eine Zeit lang ausprobiert worden, dann haben sie aber auch bemerkt, dass es doch günstiger ist, weil grade in der Zeit hatten wir dann auch mal wieder so eine Woche, wo unheimlich viel angefallen ist und da haben sie dann bemerkt oh, dann haben wir ja sofort einen Mann, der da ist. Und wie jetzt um die Zeit fängt es an, da wird es auf jeden Fall weniger – da mache ich dann auch mal Urlaub." (1317)*

Vor sieben Jahren wurde Nina in die Familie aufgenommen. Frau Seidel beschreibt, dass Ninas leibliche Mutter Hilfen zur Erziehung beantragt habe, weil sie nicht mehr mit ihrer Tochter zusammen habe leben wollen, nachdem Ninas Körperoberfläche bei einem Unfall zu 70 Prozent verbrannt wurde. Zum Zeitpunkt der Aufnahme in die Pflegefamilie war Nina sechs Jahre alt und hatte die letzten 10 Monate in einem Krankenhaus verbracht. Ihr leiblicher Vater spielte in dieser Phase keine Rolle. Er nahm zum ersten Mal Kontakt zu Nina auf, als sie 13 Jahre alt war. Dieser Kontakt währte allerdings nur kurze Zeit, bis der leibliche Vater in seiner neuen Beziehung ein weiteres Kind bekam.

> **PM:** *„Leider, leider ist der jetzt auch wieder weg, ja. Ja, er stand schön zur Verfügung und war auch sehr gut für Nina und dann hat er aber nochmal mit einer neuen Frau ein Kind bekommen. Und ja – jetzt ist das alte Kind wieder nicht mehr da. (114)*

Neben ihren körperlichen Einschränkungen als Folge der Verbrennungen (Amputation von zwei Fingern; vollständige Verbrennung der Ohren; Bewegungseinschränkung einzelner Gliedmaße aufgrund der nicht wachsenden Haut; mehrere Hauttransplantationen) lebt Nina mit erheblichen seelischen Verletzungen. Deren Ursachen liegen in ihrer frühen Biographie, die aber aufgrund von Unklarheiten und ungesicherten Wissensbeständen der Pflegeeltern an dieser Stelle nicht weiter vertieft werden. Deutlich sind jedoch die Auswirkungen dieser zum Teil unbekannten Ereignisse: Nina hat viele Jahre Nahrungsmittel gehortet – sie lebte in der Angst, verhungern zu müssen; Nina ist während einer Panikattacke vor einer Person geflohen, die sie gesehen hat und dachte, dass sie nun umgebracht würde – sie konnte nur mit Unterstützung von Polizei und Feuerwehr wieder gefunden werden, so lange harrte sie in ihrem Versteck aus.

> **PM:** *„Sie hat gemeint, sie hätte ein schwarzes Auto gesehen mit einem Mann mit schwarzem Mantel und Brille und blonden Haaren, das war der Freund der Mutter. In dessen Wohnung der Unfall passiert ist. Und sie hat gemeint, der würde jetzt kommen und sie umbringen. Da hat sie im Nachbarhaus geklingelt, da war keiner und hat sich dann als letzte Rettung unter einen Traktor gelegt. Sie sind alle im Dorf sie suchen gegangen, in dieser Scheune auch. Sie hat die auch gehört, aber sie hat gemeint der Entführer wäre da, und hat sich nicht raus getraut. Erst nachdem sie die Polizei gehört hat mit Megaphon, dann ist sie raus gekommen und hat dann eine Frau gesehen und da konnte sie dann Schutz suchen. Es hat sich nachher rausgestellt dieser, dieser Mann war ne Frau*

aus einer Nebenstraße. Hatte auch eine Sonnenbrille an, aber da kam wohl so ein Flash hoch und sie hat diese Panik dann gehabt." (319)

Dennoch entwickelt sich Nina zu einer selbstbewussten und reifen Jugendlichen. Sie ließ sich und ihre Geschichte bereits in einer Jugendzeitschrift ablichten, trägt sehr selbstverständlich auch kurze Kleidung und ist stolz auf ihr Aussehen. Frau Seidel betont, dass Nina ihre Pubertät auslebt und sich auch traut, mit ihren Pflegeeltern zu streiten. Auch gegenüber ihrem leiblichen Vater ist sie in der Lage, ihre Bedürfnisse sehr deutlich zu artikulieren und Grenzen festzulegen.

> **PM:** *„Für Nina war es sehr aufregend, ne? So, wo sie da auch eben von vornherein einen Brief geschrieben hat und die Fronten geklärt hat: ‚Also ich weiß nicht wie ich dich nennen soll, Papa will ich dich nicht nennen, ich habe einen Papa.' Ganz klar, ne?"* (208)

Nina besucht ein Gymnasium in der Nähe ihres Heimatdorfes.
Als zweite Pflegetochter wurde Kerstin vor etwa zweieinhalb Jahren im Alter von vier Monaten in die Familie aufgenommen. Kerstin wurde mit einem Hydrozephalus geboren. Sie hat Epilepsie und sehr starke Hirnfehlbildungen.

> **PM:** *„Also Kerstin ist ein früh geborenes Kind, damals früh geboren, weil sie eben einen Hydrozephalus, einen Wasserkopf hat, der extrem ausgebildet wurde. Sie hat zurzeit, mit drei Jahren einen Kopfumfang von 60,8. Mein Mann hat – zum Vergleich – 59. Sie kann nicht sitzen, kann den Kopf nicht halten, kann nicht laufen, logisch, ja? Kerstin hat wohl ein Syndrom, sie hat keine Hirnbalken, die Stirn war gespalten, der Kiefer ganz falsch angelegt, so nach oben. Im Normalfall hätte sie auch eine Kiefer-Gaumen-Spaltung haben müssen. Hat sie Gott sei Dank nicht. Man hat letztes Jahr, dieses Jahr operiert. 16 Stunden. Und hat eben ihr die Stirnplatte rausgenommen und die ein bisschen symmetrischer gemacht. Durch den Hirndruck war die extrem asymmetrisch. Man hat ihr die Augenhöhlen umgesetzt nach innen, weil sie so weit auseinander stehende Augen hatte, dass sie Doppelbilder sehen musste. Und man hat ihr die Nase gerichtet."* (626)

Kerstins leibliche Mutter konnte laut Frau Seidel aufgrund eigener intellektueller Defizite die aufwändige medizinische Versorgung ihrer Tochter nicht sicherstellen. Die Mutter hat später einen Halbbruder von Kerstin zur Welt gebracht, mit dem sie gemeinsam in einer Mutter-Kind-Einrichtung lebt und in der die beiden betreut werden. Der leibliche Vater von Kerstin ist unbekannt. Die Versorgung der Pflegetochter ist aufgrund des medizinischen Aufwandes enorm. Im Kinderzimmer steht ein Monitor, um ihre Vitalfunktionen zu überwachen; bei der Nahrungsaufnahme muss darauf geachtet werden, dass Kerstin nicht zu viele Speisereste in den Wangen aufbewahrt; sie muss gewindelt und mobilisiert werden – ihre Entwicklungsmöglichkeiten sind diesbezüglich enorm eingeschränkt. Mit einem Rollstuhl kann Kerstin sich in einem Teil des Hauses selbstständig bewege und sie kann einige Worte sprechen. Kerstin wird von den Familienmitgliedern als „Goldstück" der Familie angesehen.

> PM: „Das ist Kerstin. [PM zeigt ein Foto von Kerstin; Anm. d. A.] Kerstin ist unser aller Goldstück, hat uns alle um den Finger gewickelt. Alle meine Kinder, ne? Also mein großer Sohn, der anfangs gesagt hat ,Oh Gott, wie sieht die denn aus?' – weil wir haben nur Kinder, die anders aussehen – ja? Wo wir eben auffallen. Das erste, was er macht, er ist bei Kerstin. Der liebt Kerstin. Wir lieben sie alle. Sie ist wirklich unser Glück. (684)

Kerstin besucht mit großer Freude einen Kindergarten, zu dem sie mit einem Taxi gebracht wird.

Die leiblichen Kinder Tanja und Marco sind für ihre Eltern auch nach deren Auszug aus dem Haushalt der Familie von großer Bedeutung. Neben der pflegerischen Unterstützung, die die Kinder bei Bedarf insbesondere für Kerstin leisten, ist für die Eltern besonders wichtig, dass ihre Kinder keinen Unterschied zwischen den leiblichen und den Pflegegeschwistern machen.

> PM: „Ich wüsste aber auch, wenn uns beiden was passiert, dass meine Kinder die holen würden. Und das macht mich auch total sicher, ne?"
> PV: „Die würden die nicht hergeben."
> PM: „Keinen. Und das finde ich gut und dann denk ich so soll es sein, ne? Man würde ja auch nicht seine leiblichen Geschwister alleine lassen und für die sind es die leiblichen Geschwister." (1694)

Den Pflegeeltern ist wichtig zu betonen, dass innerhalb der Familie alle die gleichen Rechte haben. Auch hinsichtlich zukünftiger Erbansprüche sind sich die Kinder einig, dass nicht zwischen drei Geschwistern, sondern zwischen fünf Geschwistern aufgeteilt würde. Die Eltern sind beruhigt und begeistert darüber, dass ihre leiblichen Kinder im Ernstfall die Betreuung der Pflegekinder (insbesondere für Kerstin) übernehmen würden. Die leiblichen Kinder wurden –

so lange sie im Haushalt der Eltern gelebt haben – mit in die Entscheidungen zur Aufnahme der Pflegekinder eingebunden.

> *PV: „Wenn an dem Tag, an dem ich mich dazu entscheiden sollte, und die Kinder sind alle ausgezogen, okay, dann sage ich, dann ist es meine – unsere Elternentscheidung. Aber solange irgendein Kind im Haus wohnt, soll das Kind also wirklich mitbestimmen dürfen."* (1562)

Nach dem Abbruch des ersten Pflegeverhältnisses wurde der Wunsch des leiblichen Sohnes berücksichtigt, nun erst mal kein Pflegekind mehr aufzunehmen. Auch bei ersten Überlegungen hinsichtlich der Auswahl eines weiteren Pflegekindes haben die leiblichen Kinder ein Mitspracherecht. Dabei spielen insbesondere mögliche Einschränkungen aufgrund der Behinderung der Kinder eine wesentliche Rolle.

> *PM: „Die aber ganz klar sagen, wie zum Beispiel Marco sagt: ‚Also hier kommt kein Kind rein, das eine Glasknochenkrankheit hat, dafür sind wir zu rau.' Ne? Also das muss schon so sein, dass wir eben auch toben können, weil Kerstin wird hier manchmal ganz schön rumgedüst, ne? Und was dann aber auch vernünftig ist, wo ich dann auch gut mit klar komme, ne?"* (1523)

Nach ersten Momenten des Erschreckens oder der Irritation aufgrund der äußerlichen Auffälligkeiten der Pflegekinder wurden diese von den leiblichen Kindern im Laufe der Zeit ins Herz geschlossen. Die leibliche Tochter der Familie hat ihrer Mutter – zu deren großer Freude – kurz vor dem Interviewtermin einen Brief geschrieben, indem sie ihren Eltern eine sehr positive Rückmeldung zu deren Lebensentwurf und Erziehung gibt.

> *PM: „Also in diesem Brief steht dann eben auch drin, dass sie stolz darauf sind, dass wir so sind wie wir sind, ne? Also ich glaub schon, dass sie uns mit andern Augen sehen, ne? Aber wie gesagt, das hat auch – glaube ich – mit dem Erwachsen-Sein zu tun."* (1608)

Sonstige entscheidende Personen
Die leiblichen Eltern der Pflegekinder spielen sehr unterschiedliche Rollen im Leben der Pflegeeltern. Die Pflegeeltern beschreiben eine starke Abneigung gegenüber Ninas leiblicher Mutter, weil sie davon überzeugt sind, sie habe Nina erhebliches Leid zugefügt.

PM: „Und die ganzen anderen Misshandlungen. Nina hat gehungert, Nina ist misshandelt worden, seelisch, körperlich. Ach, die hat meinem Kind weh getan. Ich habe diese Frau gehasst. Ja, ne? Oder ich hasse sie immer noch." (241)

Die Kontakte im Rahmen von Besuchsterminen wurden als äußerst anstrengend erlebt, in denen sich die Beteiligten immer sehr zusammenreißen mussten. Mittlerweile finden auf Ninas Wunsch hin keine Besuchskontakte mehr statt, was die Situation deutlich entspannt hat.

PM: „Und ich kann das natürlich irgendwo bei so einem Besuchskontakt nicht nach außen bringen, ne? Da muss man den Schein dann wahren. Fürs Kind."
I: „Wie gelingt das denn?"
PM: „Schwierig. Schwierig, wirklich, so. Ich sitze diese zwei Stunden ab und versuche es so gut wie möglich. Aber seit 2005, also Nina kam, hatte 2001 den Unfall, kam 2002 zu uns und seit 2005 möchte Nina sie nicht mehr sehen." (245)

Der leibliche Vater von Nina spielte lange Zeit keine Rolle, bis er vor einiger Zeit den Kontakt zu ihr suchte. Die Pflegeeltern empfanden diesen Kontakt als sehr angenehm und freuten sich, dass Nina endlich einige Antworten hinsichtlich ihrer frühen Kindheit bekam, die sie ihr nicht geben konnten. Da der Kontakt nur einige Wochen vom Vater aufrecht erhalten wurde und er sich anschließend nicht mehr meldete, überwiegt mittlerweile jedoch die Wut darüber, dass ihre Pflegetochter erneut von einem leiblichen Elternteil enttäuscht wurde.

PV: „Und das ärgert mich also ganz schlimm, dass er nicht mehr kommt. Das also meine Tochter, also wieder vergessen wird. Das ist also immer das Schlimme, ich sehe was die Eltern da oft falsch machen." (1168)

Die leibliche Mutter von Kerstin mögen die Pflegeeltern hingegen gerne. Sie beschreiben sie als sehr einfach strukturierte Person, die mit der Sorge um und Pflege von Kerstin völlig überfordert wäre.

PM: „Aber das ist ein ganz anderer Fall, das ist eine nette Frau, eine liebe Frau. Dumme Frau. Ja, einfach, weil sie es nicht kann. Also ist jetzt nicht, dass sie Kerstin nicht haben darf, weil sie so böse ist, wie jetzt die Mutter von Nina, sondern einfach, weil sie es rein intellektuell nicht schaffen würde. Ne? Sie hat noch ein Kind, wo sie mit zusammen lebt, nach Kerstin bekommen. Das klappt gut, aber Kerstin würde sie nicht schaffen. Sie ist auf dem Stand von einem elfjährigen Kind. Und Kerstin ist schwerst-mehrfach behindert." (450)

Gleichzeitig sind die Pflegeeltern ihr allerdings auch dankbar, dass sie sich in der Vergangenheit gegen eine ihr angebotene Abtreibung von Kerstin entschieden hat. Nach dem Eindruck der Pflegeeltern kann man der Mutter von Kerstin keinen Vorwurf machen, was ihnen den Umgang mit ihr deutlich erleichtert.

> *PM: „Damit kann ich gut umgehen, ja, die hat Kerstin ja nix Böses getan. Das ist eine liebe Frau, ja, der ich hoch anrechne, dass sie damals ihr Kind nicht abgetrieben hat, obwohl sie es angeboten bekommen hat. Die Kerstin liebt. Es natürlich nicht so kann, ja, und immer lieb ist zu Kerstin. Damit komm ich gut klar." (488)*

Die zuständige Mitarbeiterin des betreuenden sozialen Dienstes wird von den Pflegeeltern stark hervorgehoben. An einigen Stellen vermischen sich berufliche und private Beziehungsmuster, was den Pflegeeltern jedoch sehr gut gefällt. Aufgrund der sehr engen Betreuungsstruktur, die ihren Höhepunkt in den unmittelbaren Lebenskrisen der Pflegefamilie erfährt, beschreiben die Pflegeeltern einen sehr engen Beziehungsaufbau zu der Mitarbeiterin.

> *PM: „Deshalb find ich es auch wichtig, wie die Frau Simon [Mitarbeiterin des Fachdienstes; Anm. d. A.] - kommt ja alle vier bis sechs Wochen, ne? Das ist so regelmäßig, dass die dazu gehört."*
> *PV: „Sie ist keine Fremde. Sie ist ein Teil von der Familie in den Jahren geworden.*
> *PM: „Richtig. Und einer vertrauten Person, wie eine Frau Simon, die so oft kommt oder einem Jugendamtmitarbeiter, der vielleicht einmal im Jahr kommt, kann ich doch ganz anders mit dem umgehen, dem kann ich doch ganz anders Fragen beantworten." (2581)*

Wie alle anderen Personen wird auch die Mitarbeiterin zu einem späteren Zeitpunkt – insbesondere hinsichtlich ihrer Funktion für die Pflegeeltern – genauer betrachtet. An dieser Stelle soll der erste Eindruck der beteiligten Akteure abgeschlossen werden.

Das familiäre Umfeld

Am Haus der Familie wurden bereits einige Umbau- und Renovierungsmaß-
nahmen durchgeführt. Die Gründe für die umfangreichen baulichen Veränderungen liegen in erster Linie in den Bedürfnissen von Kerstin. Aufgrund ihrer
Sehbehinderung wurde das Wohnzimmer mit Hilfe eines Blindenfrühförderers
komplett neu und heller gestaltet, um dadurch Kerstins Sehkraft zu fördern.

> *PM: „Und dann ist der Blindenfrühförderer hin und hat gesagt, hier wäre
> alles viel zu dunkel."*
> *PV: „Da war eine dunkle Holzdecke drin."*
> *PM: „Und dann hat der ausgemessen und das Wohnzimmer war ganz
> falsch beleuchtet. Also haben wir die ganze Decke rausgerissen und ha-
> ben überall neue Lampen hier reingemacht." (1111)*

Darüber hinaus wurden im Untergeschoss alle baulichen Barrieren entfernt,
damit Kerstin diesen Bereich des Hauses mit Hilfe ihres Rollstuhls möglichst
selbstständig befahren kann. Gegenwärtig planen die Pflegeeltern den Einbau
eines Aufzuges, damit Kerstin mit geringerem Aufwand in ihr Kinderzimmer im
Obergeschoss des Hauses gebracht werden kann. Auch der Neukauf eines
Fahrzeugs wurde mit Blick auf den Transport des Rollstuhls und die Möglichkeit zur gemeinsamen Nutzung mit allen Familienmitgliedern an den spezifischen Bedürfnissen der Pflegefamilie ausgerichtet.

> *PV: „Wie den Bus. Ich habe einen Focus, der sechs Jahre alt ist. Der hätte
> zum Fahren für uns gereicht. Es war das Problem mit dem Rolli, wenn wir
> den Rolli dabei hatten, konnten wir nix anderes mehr mitladen. Wir hät-
> ten sagen können: ‚Okay, dann wird immer nur so gefahren, dass der Rol-
> li eben nicht mitfährt oder die Kerstin bleibt hier.' Nee, für uns war es
> wichtig, dass wir dann jetzt ein Auto kaufen, wo der Rolli reinpasst. Da-
> mit wir noch Platz für die anderen und alles haben, damit wir auch zu-
> sammen einkaufen fahren können." (1454)*

Hinter dem Haus gelangt man auf eine ebenerdige Terrasse und eine Rasenflä-
che mit kleinen Blumenbeeten. Der Hund der Familie spielt für alle eine wichtige Rolle, da er neben den von allen geschätzten Schmuseeinheiten auch auf
die Warnsignale des Überwachungsmonitors von Kerstin reagiert und in diesen
Fällen für alle hörbar anschlägt.

PM: „Für die Kinder ist das toll. Ja. Vor allen Dingen er ist ja nun wirklich ein Kinderhund, ne? Und absolut lieb und brav und er ist auch oft, Kerstin hat einen Monitor, einen Überwachungsmonitor. Und wenn der Alarm schlägt, dann rennt der Hund als Erster. Wir haben auch oben im Kinderzimmer Leckerli stehen, ne? Jedes Mal, wenn der piepst, rennt er hoch. Dann kriegt der Hund Leckerli. So ist er immer. Ich glaube die zwei haben irgendwie ein Abkommen. Kerstin und der Hund, ne? Dass er auch ja viele Leckerlis kriegt, ne?"
PV: „Deshalb verstehen die zwei sich auch." (924)

<u>Charakteristische Aussagen der Pflegeeltern</u>
Ohne der Analyse der Daten zu weit vorgreifen zu wollen, werden nun einige ergänzende, nach meinem Eindruck für die Pflegeeltern besonders charakteristische Sequenzen vorgestellt. Hierbei geht es noch nicht um eine inhaltliche Auswertung der Daten, sondern weiterhin darum, ein möglichst umfassendes Bild der Pflegemutter und des Pflegevaters zu generieren.

Die Pflegeeltern beschreiben an einigen Stellen sehr eindrücklich, wie sie sich selbst sehen und welche zum Teil auch strategischen Überlegungen im Umgang mit ihren Kindern und Pflegekindern eine Rolle spielen:

> *PM: „Wir sind Glucken, die auch loslassen, ja." (1000)*
> ...
> *PV: „Und wir haben erkannt, wenn man den Kindern Freiräume lässt, dann wird die Verbindung dadurch noch tiefer." (1011)*

Der Pflegevater beschreibt in einer Sequenz, worin er den Sinn seines Lebens sieht:

> *PV: „Wir haben den Sinn gefunden, warum wir auf der Welt sind. Ja, das Leben soll ja irgendeinen Sinn haben, warum man überhaupt auf der Welt ist. Und für mich ist es, dass ich Kindern helfen kann, die irgendwo ohne Liebe in irgendeinem Heim aufwachsen würden. Die keine Gefühle kennen würden außer vielleicht Hass. Und ich kann denen Liebe geben und Geborgenheit und das Urvertrauen wieder versuchen zurückzugeben. Das ist für mich – der Sinn vom Leben." (1716)*

Aus einer Äußerung von Frau Seidel (in der sie auf die Einschätzung eines behandelnden Chirurgen reagiert) wird deutlich, welchen Schwerpunkt sie bei ihrer Tätigkeit als Pflegemutter eines Mädchens mit Behinderung setzt:

PM: „ Der Arzt, der dann ganz klar sagte: ‚Kerstin? Die ist besser zum Sterben in einem Heim aufgehoben.' So ne dumme Äußerung. Ja klar, zum Sterben ja, aber zum Leben nicht, ne. (2260)

An einer weiteren Stelle betont die Pflegemutter, dass die Tätigkeit als Pflege-eltern kein selbstloses Unterfangen sei. Sie betont stattdessen den doppelten Gewinn, den die Pflegekinder und sie als Pflegemutter aus ihrer Arbeit und dem gemeinsamen Zusammenleben ziehen:

PM: „Aber das ist ja auch nicht nur so, dass wir das uneigennützig tun. Dass wir sagen, wir tun das jetzt für die Kinder. Dass die Kinder es gut ha-ben. Sondern die geben uns auch so viel. Ja, also es ist so ein Hin und Her, ne? Also natürlich haben die Kinder ganz viele Vorteile dadurch, aber wir doch auch. Ich wäre ja niemals so glücklich ohne die Kinder. Also die ge-ben uns auch unheimlich viel zurück." (1731)

An mehreren Stellen wird die starke emotionale Beziehung zu den Pflegekin-dern betont. In den folgenden Passagen wird deutlich, dass dies zum einen gro-ße Freude und Glück für die Pflegeeltern bedeutet – zum anderen aber auch, welche Ängste und welches Leid im Rahmen von lebensbedrohlichen Situatio-nen der Pflegekinder möglich werden:

PM: „Die sind in meinem Herzen drin. Die sind nicht unter meinem Her-zen geboren, aber die sind mittendrin. Und ich liebe die und ich könnte keines meiner Kinder gehen sehen." (584)

...

PM: „Und ich habe jedes Mal durch diese Angst gespürt, besonders ge-spürt, wie sehr ich kaputt gehen würde ohne die zwei. Nee, keine Sekun-de würde ich das mitmachen." (590)

Anhand der letzten Interviewpassage zur Vorstellung der Pflegeeltern lassen sich die ambivalenten Gefühle der Pflegemutter mit Blick auf die symbiotische Beziehungsstruktur, die wechselseitige Funktionalität und nicht zuletzt auch die gegenseitige Abhängigkeit erahnen, die sie mit ihrer jüngsten Pflegetochter verbindet:

PM: „Ja, ich habe ein geistig behindertes Kind, ja? Und ich würde kein anderes mehr wollen. Also ich liebe Nina mit ihrer Behinderung – um Gottes Willen – aber die hundertprozentige Erfüllung hat mir Kerstin ge-geben. Weil, Kerstin so klein bleibt. Hört sich doof an, ne? Aber Nina ist –

ich sag, Nina ist klein und ist groß geworden. Dreizehn und ist groß und wird groß. Kerstin ist drei, wird älter, aber nicht größer. Verstehen Sie? Von der Reife her. Sie braucht mich immer noch. Sie ist drei und braucht mich noch wie ein Baby. Ja, sie ist, sie ist sechs und wird mich immer noch wie ein Baby brauchen, ne? Sie ist nichts ohne mich und ich nichts ohne sie. Ja? Also sie bleibt immer ganz klein. Nina geht aus dem Haus. Nina wird erwachsen, Nina ist reif und, und geht und braucht mich irgendwann nicht mehr. Ich bin zwar ihre Mama und sie wird immer kommen, aber sie braucht mich nicht mehr. Kerstin wird mich immer brauchen. Und – finde ich schön. Finde ich wirklich schön." (602)

3.3   Vorstellung der Untersuchungsergebnisse

Im folgenden Abschnitt wird das entwickelte Kategoriensystem systematisch eingeführt und durch die konkrete Vernetzung mit dem Datenmaterial begründet. Dabei werden „Landkarten" zur Vermessung der vielfältigen Belastungen und Ressourcen des untersuchten Pflegeelternpaars auf jeweils drei Ebenen entwickelt. Darüber hinaus werden allgemeine und spezifische Aspekte voneinander unterschieden und als solche gekennzeichnet.

Anhand eines fiktiven Beispiels soll verdeutlicht werden, wie das Kategoriensystem auf der Grundlage des Datenmaterials entwickelt wurde. Dafür wird eine übersichtliche Interviewsequenz verwendet, in der sich – sehr einfach formuliert – Hinweise auf Ressourcen finden lassen, die letztlich abstrahiert und innerhalb unterschiedlicher Ebenen zugeordnet werden können:

> **PM**: „Ich freue mich immer sehr, wenn ich meine Pflegetochter beim Toben mit unserem Hund im Garten beobachten kann."

Anhand dieser Passage lassen sich nun einige Anhaltspunkte erläutern, die zuerst erfasst, dann abstrahiert und schließlich zugeordnet werden:

1.   Die Pflegemutter empfindet Freude über das Toben der Pflegetochter. Freude beschreibt eine für die empfindende Person angenehme Emotion, bzw. einen angenehmen Gemütszustand. Emotionen und Empfindungen spielen sich innerhalb einer Person ab. Die Zuordnung erfolgt daher zum einen auf der intrapersonalen Ebene. (Freude – angenehmer Gemütszustand – intrapersonale Ebene)

2.   Zum anderen scheint jedoch die Pflegetochter selbst mit ihrem Spiel zu dieser Freude beizutragen. Eine weitere Zuordnung erfolgt daher auf der Ebene des Lebensfeldes im Bereich der Personen, die für die Pflegemutter als Ressource gelten müssen – hier: das Pflegekind selbst. (Pflegetochter – Pflegekind – Ebene des Lebensfeldes: Personen)

3.   Die Pflegetochter tobt mit dem Hund der Familie. Hunde und andere Haustiere können für die Entwicklung von Kindern eine wichtige Bedeutung haben. Dass die Pflegemutter ihre Pflegetochter und den

Hund miteinander toben lassen kann, deutet darauf hin, dass die Situation weder für das Kind noch für den Hund Gefahren beinhaltet. Das Pflegekind und der Hund scheinen an das gemeinsame Spiel gewöhnt zu sein und zu wissen, wie sie sich miteinander verhalten dürfen. Die Zuordnung erfolgt auch hier wieder auf der Ebene des Lebensfeldes, diesmal allerdings im Bereich des Settings, zu dem der Hund als Haustier hinzugezählt wird. (Hund – Haustier – Lebensfeld: Setting)

4. Auch der Garten der Pflegefamilie wird dem Bereich Lebensfeld-Setting zugeordnet. Der eigene Garten bietet an dieser Stelle der Pflegetochter die Gelegenheit in der Nähe des Hauses mit dem Hund zu toben. Die Pflegemutter kann dabei zuschauen und die Situation im Auge behalten. Der Garten bietet somit ein besonderes Potential für die Gestaltung des Familienlebens. (Garten – Wohnverhältnisse – Lebensfeld: Setting)

Die Zuordnung der Belastungen und Ressourcen erfolgt auf der Grundlage der Schilderungen der Pflegeeltern (ein Phänomen wird beschrieben) und nach der Abstraktion auf die Stufe einer Kategorie (für das Phänomen wird eine Kategorie geschaffen oder es wird einer bereits bestehenden Kategorie zugeordnet) letztlich immer zu einer oder mehreren der drei Ebenen:[153]

Belastungen	**Ressourcen**
• auf intrapersonaler Ebene • im Lebensfeld • im gesellschaftlichen Kontext	

Tabelle 1: Drei-Ebenen-Tabelle

---

[153] vgl. Kapitel 2.1.4: Welche Auswertungsverfahren werden angewendet?

3.3.1 Kategoriensystem I - Belastungen von Pflegeeltern

In den folgenden Abschnitten werden die Belastungen geordnet nach den jeweiligen Kategorien und ihren Subkategorien vorgestellt (Codes und Subcodes). Die wichtigsten Kategorien werden mit einschlägigen Sequenzen des Interviews (Ankerbeispiele) verknüpft. Zur besseren Orientierung wird zu Beginn eine Übersichtskarte der Belastungen platziert. Diese wird im Laufe des Kapitels um detaillierte Beschreibungen ergänzt und im Rahmen einer auf die einzelnen Ebenen bezogenen Darstellung verfeinert, es wird gleichsam „herangezoomt".[154]

---

[154] Bei Zunahme der inhaltlichen Komplexität verschlechtert sich die Lesbarkeit der Karten. Im Ergebnisteil auf der Website des Forschungsprojektes werden die Karten in verbesserter Darstellung zur Verfügung gestellt. (http://www.uni-siegen.de/ressource-pflegeeltern)

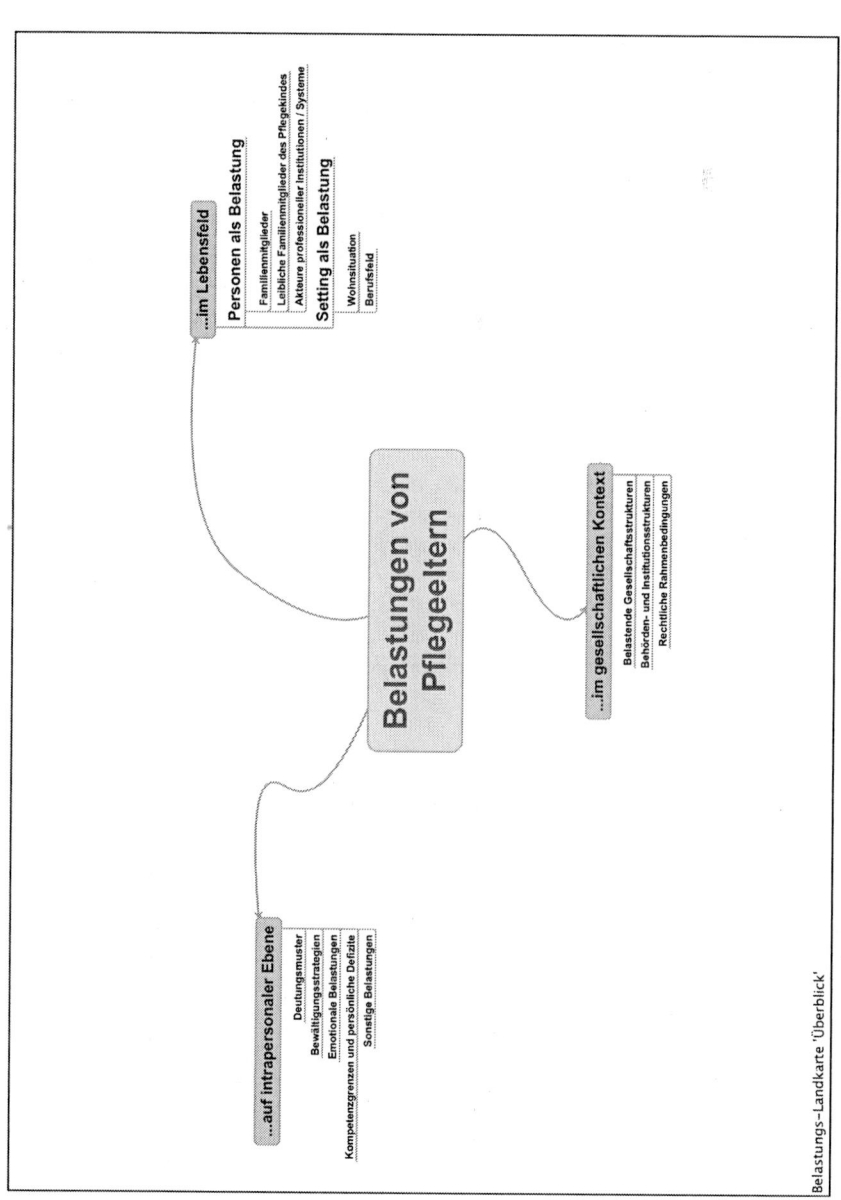

...im Lebensfeld

Personen als Belastung

Familienmitglieder
Leibliche Familienmitglieder des Pflegekindes
Akteure professioneller Institutionen / Systeme

Setting als Belastung

Wohnsituation
Berufsfeld

Belastungen von Pflegeeltern

...im gesellschaftlichen Kontext

Belastende Gesellschaftsstrukturen
Behörden- und Institutionsstrukturen
Rechtliche Rahmenbedingungen

...auf intrapersonaler Ebene

Deutungsmuster
Bewältigungsstrategien
Emotionale Belastungen
Kompetenzgrenzen und persönliche Defizite
Sonstige Belastungen

Belastungs–Landkarte 'Überblick'

3.3.1.1 Intrapersonale Belastungen

Betrachten wir zunächst die von den Pflegeeltern beschriebenen Belastungen, deren Zuordnung auf der *intrapersonalen Ebene* erfolgt.

Deutungsmuster

Unter der Kategorie *Deutungsmuster* lassen sich mehrere Subkategorien zusammenfassen, die sich auf die alltagstheoretischen Erklärungen und Sichtweisen der Pflegeeltern beziehen. Zu den belastenden Deutungsmustern gehören *belastende Erklärungen, selbstwertverletzende Erklärungen* sowie *bedrohliche bzw. heikle Sinnkonstruktionen.* Grundsätzlich können die Deutungsmuster der Pflegeeltern sowohl riskante, als auch stabilisierende Anteile enthalten, die im Rahmen der Auswertung miteinander verglichen und bewertet werden müssen. Dabei gelingt es den Pflegeeltern teilweise, sich durch selbstvergewissernde Erklärungen eine (vermeintliche) Sicherheit zu konstruieren. Dies könnte vor dem Hintergrund der Unwägbarkeiten eines Pflegeverhältnisses und des Zusammenlebens mit einem Kind, das kontinuierlich lebensbedrohlichen Situationen ausgeliefert ist, nicht in erster Linie mit der erlebten Alltagsrealität, sondern dem Bedürfnis nach Schutz des eigenen Lebensentwurfes zusammenhängen.

Die belastenden Erklärungen der Pflegeeltern zeichnen sich insbesondere dadurch aus, dass sie mit schmerzlichen, traurigen und schockierenden Erinnerungen verknüpft sind.

> *PM: „Sie sieht ihren Unfall nicht als Unfall, sondern als Glück. Und so kommt sie auch gut durch die Welt. Dadurch hat sie es auch viel einfacher sage ich, wie manch ein anderer, der einen Unfall hatte und dann so gebrandmarkt ist, wie jetzt die Nina. Wo er dann immer der Zeit vor dem Unfall so hinterher heult. ‚Da konnte ich das machen oder das machen'. Wo sie also jetzt gar nicht mehr so kann, weil sie auch ein bisschen körperliche Einschränkungen hat. Aber sie sieht das als positiv den Unfall, weil sie dadurch in eine Familie gekommen ist, wo sie richtig Kind sein darf und alles. Also ist das nichts Negatives." (1748)*

Diese Sequenz verdeutlicht die mit der Erklärung zusammenhängende ambivalente Gefühlslage der Pflegemutter: Sie freut sich auf der einen Seite über die kindgerechte Lebenssituation ihrer Pflegetochter innerhalb der Pflegefamilie

und ist andererseits aufgrund der früheren Erlebnisse der Pflegetochter innerhalb ihrer leiblichen Familie äußerst berührt.

Charakteristisch für eine selbstwertverletzende Erklärung ist, dass die Pflegeeltern die Bedeutung ihrer eigenen Bedürfnisse jenseits des Pflegeeltern- bzw.
Eltern-Seins bagatellisieren oder diese gar missachten. Für die interviewten
Pflegeeltern kommt es beispielsweise nicht in Frage, die bestehende Möglichkeit zu nutzen, Urlaub von ihrer Tätigkeit zu nehmen. Wobei einschränkend
hinzugefügt werden muss, dass im letzten Satz der folgenden Sequenz ein Bedürfnis nach familiärer Gemeinsamkeit deutlich wird, das möglicherweise für
die Pflegeeltern bedeutender ist als das Bedürfnis nach Erholung, Zweisamkeit
und Unabhängigkeit:

> **PM:** *„So zum Beispiel, diejenigen die ihre Kinder weggeben, wenn sie in
> Urlaub fahren. ‚Ich fahre doch nur mit meinen leiblichen Kindern in Ur-
> laub'. Ja, ich würde niemals, niemals alleine in Urlaub fahren, ohne mei-
> ne Kinder und sind sie noch so behindert. Dann hole ich mir eben Orte,
> wo ich mit behinderten Kindern hinfahre. Also das käme überhaupt nicht
> in Frage, dass wir ohne Kerstin wegfahren würden. Wir würden ja kaputt
> gehen, ne?" (967)*

An einigen Stellen gibt es außerdem Hinweise, dass die Pflegeeltern herabwür-
digende Interaktionsmuster von Außenstehenden (Behörden, Krankenkassen,
Justiz, etc.) nach dem Motto: „Ihr seid doch *nur* Pflegeeltern" als unveränderli-
che Begebenheiten hinnehmen und dabei die Gefahr der Resignation besteht
(956).[155]

Anhand der Übersicht bedrohlicher und heikler Sinnkonstruktionen der Pflegeeltern wird deutlich, dass Sinnkonstruktionen nicht grundsätzlich begünstigen-
de Auswirkungen für ihre Urheber haben. Bezeichnend für die im vorliegenden
Interview gefundenen belastenden Sinnkonstruktionen sind zumeist unvorher-
sehbare temporäre Veränderungen, die das eigene Leben betreffen und eine
stark begrenzte Planbarkeit der eigenen Zukunft. Dabei wird an einigen Stellen
deutlich, dass grundsätzliche und allgemeine Aufgaben der Pflegeeltern (Versorgung, Schutz, Erziehung, etc.) verschärft werden durch die zum Teil existen-

---

[155] Auf Sequenzen, die an anderer Stelle vorgestellt werden, wird in der Folge verwiesen, damit diese nicht doppelt abgedruckt werden müssen. Die kursive Zahl in Klammern beschreibt dabei die zugehörige Zeilenangabe des Originaltranskriptes im Anhang.

zielle gesundheitliche Gefährdung der Pflegekinder und die potentielle Konkurrenz zu den leiblichen Elternteilen der Pflegekinder.

In Kombination mit einer nahezu symbiotischen Beziehung zwischen Pflegeeltern und Pflegetochter lässt sich das heikle Potential solcher Sinnkonstruktionen erahnen (602).

In der folgenden Passage lässt sich neben einer weiteren Belastung ein Teil dessen erspüren, was die Pflegemutter hinsichtlich ihrer Tätigkeit antreibt.

> **PM:** *„Wobei ich momentan sagen muss, dadurch, dass wir keinen Kontakt mehr haben, ist auch nicht mehr dieser Hass so da. Die* [leibliche Mutter; Anm. d. A.] *kommt ja gar nicht mehr ran. Ich bin mir sicher, dass irgendwann ein Kontakt kommen muss für Nina. Dass Nina abschließen kann. Ihr mal einfach für fünf Groschen die Meinung sagen kann, ne? Das und das und das hast du mir angetan."* (417)
>
> ...
>
> **PM:** *„Ich denke, dass sie irgendwann einfach, um einen Abschluss zu finden, ihr das sagen kann. Dafür braucht sie aber noch mehr Mut."* (419)
>
> ...
>
> **PM:** *„Wenn ich gefragt werde: ‚Wissen Sie wo die* [leibliche Mutter; Anm. d. A.] *wohnt?' Und ich dann nichts weiß. Dann spreche ich schon mal so: ‚Mein Gott, was ist das für eine Mutter?' Die, wo ich nicht weiß, wo sie ist. Es könnte ja alles mit Nina sein und ich wüsste nicht, wie ich sie erreiche, ja? Ja, dann schon. Aber jetzt eher selten, weil kein Kontakt mehr da ist. Es sind ja jetzt im Januar schon fünf Jahre fast. Die interessiert uns eigentlich mittlerweile gar nicht mehr."* (440)

Es lässt sich nur vermuten, dass für die Pflegemutter (trotz ihrer Betonung einer eher niedrigen Bedeutung der leiblichen Mutter) eine dauerhaft belastende Situation bestehen bleiben könnte. Sie kann sich nie vollständig sicher sein, dass ihre Mühe und ihr Einsatz, das von ihr erwünschte Ergebnis erzielt: ein dauerhaft geringer Stellenwert der leiblichen Mutter und die Möglichkeit zur endgültigen Abkehr für die Pflegetochter.

Bewältigungsstrategien

Unter der Kategorie Bewältigungsstrategien, lässt sich anhand einer Sequenz verdeutlichen, dass Bewältigungsaktivitäten auch mit Kosten verbunden sein können, die für die handelnde Person als Belastung gelten müssen:

> I: „Wie sind Sie denn mit Nina in der Situation umgegangen? Wenn Sie sagen: ‚Ich hatte da auch innerlich richtige Hassgefühle gegenüber dieser Frau'."
>
> PM: „Ich habe es nie gesagt. Also, ich hab es nie gesagt. Ich habe, also ich bin nie hingegangen und habe gesagt: ‚Oh, Nina, du hast die letzte Mutter' oder so. Das habe ich nicht gemacht. Im Gegenteil, ich habe immer versucht ihr zu erklären, sie hat ja jung ein Kind bekommen und das war auch schwierig, ja? Ich habe versucht, Nina das verständlich zu machen."(262)

Anhand dieser Sequenz wird deutlich, dass sich das Handeln der Pflegemutter sowohl bei den Besuchskontakten mit den leiblichen Eltern der Pflegetochter, als auch in der Auseinandersetzung mit der Pflegetochter über deren leibliche Eltern, nicht an ihren eigenen Bedürfnissen, sondern den Bedürfnissen der Pflegetochter orientiert. Für diesen Teil der Auswertung ist es nicht wesentlich, dieses Verhalten aus pädagogischer Sicht zu bewerten, sondern festzuhalten, dass diese Form von Situationsbewältigung der Pflegemutter ein Belastungspotential beinhaltet. Ihr in dieser Situation vernunftorientiertes und nicht gefühlsorientiertes Handeln scheint der Pflegemutter unter Berücksichtigung des gesamten Interviewkontextes nicht leicht zu fallen.

Emotionale Belastungen

Ein vielfältiger Bereich wird mit Blick auf die *emotionalen Belastungen* der Pflegeeltern deutlich. Dabei werden erneut mehrere Subkategorien entwickelt, die in erster Linie eine Reihe von Empfindungen und Gemütszuständen beschreiben, die für die Pflegeeltern unangenehm sind. Ohne die mögliche positive Funktion einer unangenehmen Empfindung und die zum Teil fließenden Übergänge zwischen den einzelnen Emotionsstufen zu negieren, werden diese als emotionale Belastungen unterschieden in *Abneigung und Hass, Wut, Ängste, Ohnmacht, Mitleid, Sorge* sowie *Unverständnis* der Pflegeeltern. Um diese Unterscheidung zu verdeutlichen und zu rechtfertigen, wird jede der Subkategorien durch eine Interviewsequenz vorgestellt.

Abneigung und Hass der Pflegeeltern richten sich während des Interviews ausschließlich gegen die leibliche Mutter von Nina. Die Gefühle der Pflegemutter richten sich zum einen auf das Handeln der leiblichen Mutter und zum anderen auf sie als Person.

> **PM**: *„Die Mutter war mir immer schlimm, (...) weil ich weiß, dass die Mutter ihr Böses angetan hat."* (182)
>
> ...
>
> **PM**: *„Und das sind all die Sachen, die für mich von der Mutter kommen. Ja und das sind Gründe, warum ich diese Frau hasse."* (415)

Wut wird bei den Pflegeeltern durch das Verhalten unterschiedlicher Personen ausgelöst. Der Pflegevater schildert seine Wut gegenüber dem leiblichen Vater seiner ältesten Pflegetochter:

> **PV**: *„Wo ich einen Hals drüber habe, das ist mit dem Nicht-Mehr-Melden. Weil damit ist mein Kind verletzt worden und das mag ich nicht. Und nur sauer und wütend darüber. Weil ich sage, wenn ich mir die Arbeit mache und suche das Kind, um rauszufinden wo es lebt, dann muss man sich auch bewusst sein, dass das nicht eine Sache für ein Jahr oder für anderthalb Jahre ist, dass es dann eine Sache ist, wo ich ein Leben lang da sein sollte. Und nicht das Kind schon wieder so enttäusche."* (1158)

Außerdem berichten die Pflegeeltern von ihrer Wut gegenüber Behörden, die Zahlungen oder Bedarfsmaterialien für die Pflegekinder verweigern oder die bestimmte Anliegen der Pflegeeltern, die diese im Sinne der Pflegekinder vertreten und fordern nicht ernst nehmen.

> **PM**: *„Wir sind am Kämpfen. Wir hängen da wegen dem Kindergarten, weil Kerstin eine Begleitperson braucht, um in den Kindergarten zu kommen, aber die zahlen die nicht. Die zahlen die nicht. Ich bin bis nach Berlin, ich bin an einen Abgeordneten nach Berlin gegangen und der unterstützt uns momentan mit, ne? (...)*
> **PV**: *„Da verliert man unheimlich viel Kraft. Kraft daran, die man im Prinzip viel besser für die Kinder einsetzen könnte."*
> **PM**: *„Wo ich hier auch mitunter sitze und heule und wütend, aber aus Wut heule, ne? So richtig aus Wut und denke, das kann doch wohl nicht angehen. Das kann doch wohl nicht sein. Aber ich kämpfe. Ich lasse mich da von keinem mehr abhalten. Also das habe ich gelernt. Stark sein."* (1876)

84

Darüber hinaus berichten die Pflegeeltern, dass sie aufgrund von Fehlinformationen und allgemein verletzende Aussagen wütend werden. *(2742, 2264)*

In den *Ängsten* der Pflegeeltern liegt ein wesentliches Belastungspotential. Dabei lässt sich vor allem zwischen Trennungsängsten (auch vor kurzzeitiger Trennung von den Pflegekindern) und Verlustängsten (vor dauerhafter Trennung von den Pflegekindern, aufgrund von deren Rückkehr in die Herkunftsfamilie oder dem Tod eines Pflegekindes) unterscheiden.

> *PM: „Da hatten wir wahnsinnige Angst vor. Wahnsinnige Angst vor. Das war schon..."*
> *PV: „Kurz vorm Durchdrehen."*
> *PM: „Ja. Die schlimmste Zeit in unserem ganzen Leben. So ein Mensch, den du so abgöttisch liebst, so liegen zu sehen – keine Regung und über Wochen, also das war schon schlimm." (1810)*

Die Pflegeeltern schildern in einigen Passagen das Gefühl von *Ohnmacht*. Dabei handelt es sich oft um bedrückende Vermutungen über Geschehnisse aus der Zeit der Pflegekinder in ihrer Herkunftsfamilie, die die Pflegeeltern rückwirkend nicht beweisen können. Gravierend wird das Ohnmachtsgefühl der Pflegeeltern außerdem, wenn sie sich selbst in der Sorge um ihre Pflegekinder als handlungsunfähig erleben. Dazu gehört es, in existenzbedrohlichen Situationen der Pflegekinder lediglich hoffen, aber nicht handeln zu können. Oder auch sich selbst gegen den Widerstand von Behörden als handlungsunfähig zu erleben. In Bezug auf die Interaktion mit dem Pflegekind werden Ohnmachtsempfindungen deutlich, wenn die Pflegeeltern Fragen der Pflegekinder, die sich auf ihre Zeit in der Herkunftsfamilie beziehen, nicht beantworten können:

> *PV: „Die Kinder haben irgendwann Fragen, die ich nicht beantworten kann. Und da ist das sehr schön, wenn ein Elternteil oder leibliche Eltern noch regelmäßig kommen und Besuchskontakt da ist, wo die Kinder dann fragen können. Wir können nicht im Vorfeld fragen, die Eltern, wenn wir sie jetzt sehen, wie jetzt bei der Kerstin. Man weiß ja nie welche Fragen. Was interessiert sie denn jetzt, wenn sie mal sechzehn oder achtzehn sind? Was haben sie da für Fragen, die ich also dann jetzt noch nicht im Vorhinein mich informieren kann?" (1178)*

Am Rande wird deutlich, dass es den Pflegeeltern Leid tut, dass ein nach ihrem Eindruck netter leiblicher Vater kaum Gelegenheit hat, seine leibliche Tochter kennen zu lernen. Doch in erster Linie bezieht sich das *Mitleid* der Pflegeeltern auf die frühe Biographie und den damit verbundenen physischen und psychischen Schmerz ihres Pflegekindes.

> *PV:* „*Situationen, wo man sagt: ,Da ist doch nix. Warum ist auf einmal eine Panik bei dem Kind da? Nur weil eine Person...'*"
> *PM:* „*Ach, ein Beispiel: Nina hat neue, hat Zähne rausgezogen gekriegt, weil die durch die Kompression den, den Kiefer so eng hat. Und da hat die ganz viel Blut geschluckt. Und irgendwann muss das Blut raus und da hat sie gebrochen. Die hat geweint. Sie glauben gar nicht, was die für eine Angst vor dem Brechen hat, weil sie eben in ihrer Herkunftsfamilie mal gebrochen hat und dann die Treppe runter getreten wurde aus, aus diesem Grund.*" (2077)

Eine Reihe von *Sorgen* der Pflegeeltern lassen sich als Belastungsquellen finden. Dazu gehört die Sorge um einen einzelnen geliebten Menschen (Partner oder Partnerin, leibliche Kinder, Pflegekinder) oder das gesamte Familiengefüge.

> *PM:* „*Die* [leiblichen Kinder Anm. d. A.] *leiden ja auch darunter. Leiden jetzt in Anführungszeichen. Nina ist ganz viel im Krankenhaus, ne? Die muss ja immer wieder operiert werden. Da ist ja immer einer weg, ne? Sei es ich oder sei es mein Mann, ne? Und in der Zeit sind die ja auch gefragt. Jedenfalls wie sie noch kleiner waren, ne? Also haben sie ja schon Verluste gehabt, ne? Und jetzt, wo sie größer sind, wenn es eben bestimmte Tage gibt, dann müssen sie dann mit einspringen, ja.*" (1550)

An einigen Stellen wird auch die Sorge um die eigene Person deutlich (Sorge, an etwas „*kaputt zu gehen*" (590)). Darüber hinaus sorgen sich die Pflegeeltern um die Außenwirkungen ihres auf das Pflegekind bezogene Handelns und darüber, ob ihren Pflegekindern schwierige und heikle Themen (beispielsweise in Hilfeplangesprächen) in einer kindgerechten Form vermittelt werden.

> *PM:* „*Also ich finde es viel zu, viel zu schwer für so ein Kind.*"
> *PV:* „*Es wird von Erwachsenen das ausgearbeitet und die denken aber nicht daran, dass Kinder noch keine Erwachsenen sind. Dass die anders reagieren oder denken noch in manchen Situationen. Da sollte also auch ein bisschen drauf geachtet werden, dass man vielleicht mehr vertraute Personen hat.*" (2953)

Das *Unverständnis* der Pflegeeltern bezieht sich in erster Linie auf das Handeln oder die Aussagen anderer Personen. Zu diesen gehören neben den als feindselig beschriebenen Verhaltensweisen der leiblichen Mutter gegenüber der ältesten Pflegetochter auch der Blick auf andere Pflegeeltern, die ihre Prioritäten außerhalb der Pflegefamilie setzen. Außerdem erwähnt der Pflegevater missgünstige Kollegen:

> *PV: „Die haben also die Meinung jetzt, wenn man Pflegekinder holt, wird man Millionär. Ja, da kommen dann Andeutungen: ‚Möchte ich auch gerne mal können, aber du hast ja Pflegekinder, ist ja klar, du musst ja nicht arbeiten gehen.' Ich sage: ‚Das hat doch gar nix damit zu tun. Ich, man kann nicht von dem Geld leben. Dafür reicht es nicht.' Aber das ist irgendwo der Neid, dass man nur halb Arbeiten geht. Es steht jedem frei. Ja. Aber die meisten trauen sich anscheinend nicht oder haben einen sehr hohen Lebensstandard." (1335)*

Klares Unverständnis besteht darüber hinaus gegenüber einigen gesellschaftlichen Strukturen und Entwicklungen. Dazu gehören hierarchische und anonyme Strukturen von Institutionen und Behörden sowie allgemeine Tendenzen der Fokussierung auf monetäre Aspekte.

> *PV: „Und das Schlimme ist, in der heutigen Zeit wird unheimlich auf das Materielle geguckt. Es wird nicht mehr auf den einzelnen Menschen geschaut, nur auf das Materielle. Es ist nicht mehr wichtig, dass ein Mensch irgendwas Nützliches hat – von den Behörden angefangen, da wird nur geguckt: Was kostet das? Aber, helfe ich dem Menschen damit oder nicht? Das ist egal. Und das ist leider das Schlimme, wo wir im Moment sind in Deutschland, dass also nur noch auf das Materielle geguckt wird und Hauptsache, man kann irgendwo zwei Euro fünfzig einsparen, das menschlich ist. Kosten-Nutzen-Rechnung." (1840)*

Kompetenzgrenzen und persönliche Defizite

Weitere Belastungsquellen wurden in der Kategorie *Kompetenzgrenzen und persönliche Defizite* der Pflegeeltern subsumiert.[156] Für diesen Bereich kann das bearbeitete Interview nicht als sonderlich ertragreich gelten. Dennoch soll anhand der wenigen passenden Interviewsequenzen die Bedeutung der Kategorie verdeutlicht werden. Zum einen handelt es sich hierbei um (in der Vergangenheit) fehlende Orientierungsmittel, die den Pflegeeltern eine Erklärung für das ‚seltsame Verhalten' der Pflegekinder geliefert hätte.

> *PM: „Anfangs war es schwieriger, weil ich nicht wusste, was passiert ist. Ja. Und viele Sachen konnte ich nicht verstehen. Warum reagiert Nina jetzt so?" (287)*

Oder auch die aufwändige Aneignung von immer neuen Wissensbeständen:

> *PM: „ Man muss nur, man muss Wissen haben. Man muss unheimlich viel Hintergrundwissen haben. Man muss sich immer wieder aufs Neue informieren und kämpfen – auf Teufel komm raus." (1889)*

Zum anderen berichtet die Pflegemutter auch von persönlichen Eigenarten und Charakterzügen, die ihr in bestimmten Situationen nachteilig erscheinen:

> *PM: „ Er* [der Pflegevater Anm. d. A.] *kann sich stundenlang hinsetzen und Matheaufgaben erklären, wo ich ausflippen würde. Schon, weil ich da überhaupt nicht die Geduld hätte." (1387)*

Sonstige Belastungen

Darüber hinaus konnten zwei weitere Punkte für die Kategorie der *sonstigen Belastungen* auf der intrapersonalen Ebene gefunden werden. Dazu gehören *gesundheitliche Beschwerden und Erkrankungen* der Pflegeeltern, die sie im folgenden Beispiel in der Ausübung ihrer beruflichen Pläne einschränken. Dabei handelt es sich um eine pflegefamilien-unspezifische Belastung.

---

156 Der Begriff der „persönlichen Defizite" klingt mit Blick auf die vorgestellten Passagen recht hart. Er wurde gewählt, um darunter bei einer Erweiterung des Datensatzes auch tiefgreifende persönliche Probleme erfassen zu können, die im vorliegenden Interview keine Rolle gespielt haben. In einigen der übrigen Interviews, die in der vorliegenden Arbeit nicht analysiert werden, spielt diese Kategorie allerdings eine bedeutsamere Rolle.

PM: „Und dann wollte ich gerne im Hospiz arbeiten. Jetzt sind mir aber zwei Bandscheibenvorfälle dazwischen gekommen. So, dass ich meinen Beruf nicht mehr ausüben konnte." (540)

Dazu gehören außerdem auch Hinweise der Pflegemutter auf *finanzielle Belastungen* der Pflegefamilie, die nach ihrer Auffassung jedoch zur Tätigkeit dazugehören:

PM: „Ja, wir holen uns hier den Buckel voll Schulden, nur um diesen blöden Aufzug zu bezahlen und das Bad behindertengerecht umzubauen, ne? Ich weiß nicht, ob das die Norm ist und ich weiß nicht, ob das auch alle Pflegeeltern so tun würden. Aber für uns sind es unsere Kinder und deshalb ist das so." (1449)

Zusammenfassend werden die Belastungen der Pflegeeltern auf der intrapersonalen Ebene nun auf der folgenden Seite übersichtsartig darstellt.

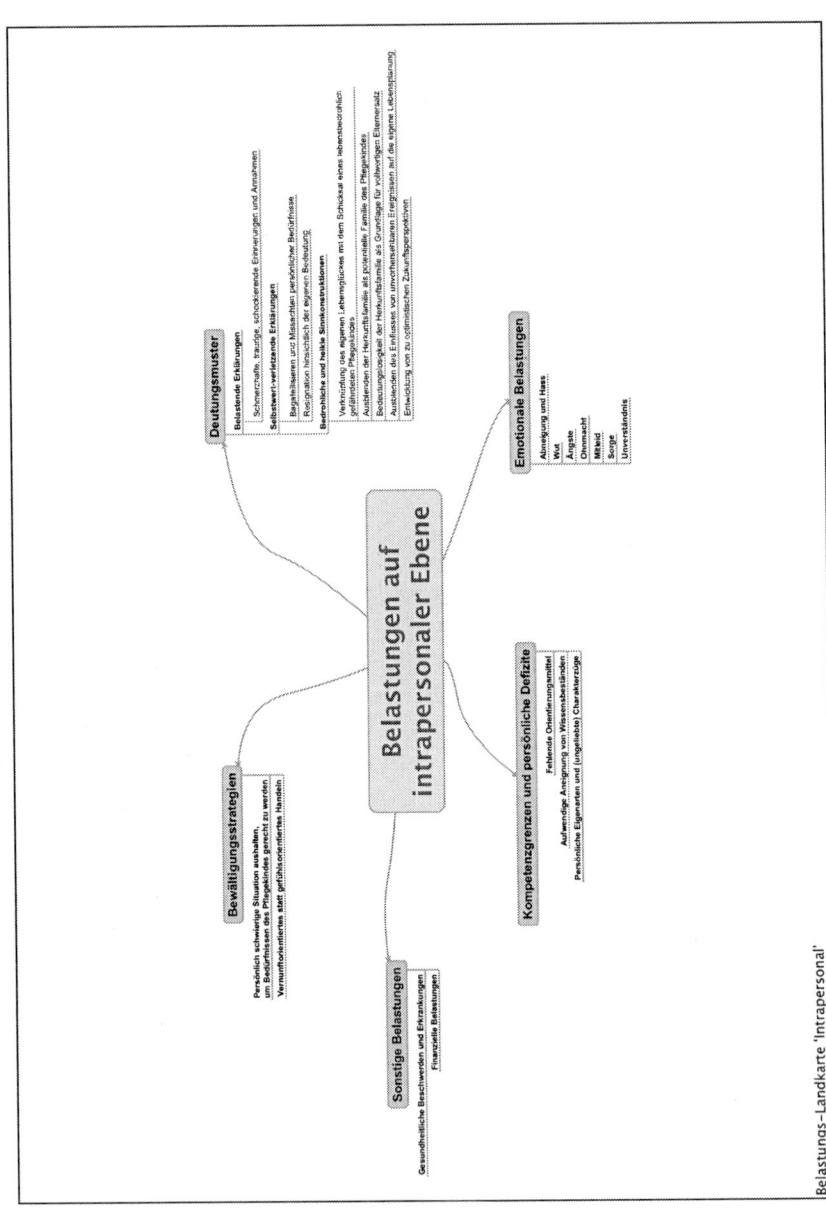

Belastungs-Landkarte 'Intrapersonal'

3.3.1.2 Belastungen im Lebensfeld

Als nächstes werden die von den Pflegeeltern beschriebenen Belastungen dargestellt, deren Zuordnung auf der *Ebene des Lebensfeldes* erfolgt. Dabei wird zwischen den *Personen* und ihren jeweiligen Funktionen sowie dem *Setting*, in dem sich das Leben der Pflegeeltern abspielt, unterschieden.

Bei den **Personen**, die in den Erzählungen der Pflegeeltern als Belastungsquelle auftauchen, handelt es sich um *Mitglieder der eigenen Familie* (Partner/Partnerin, leibliche Kinder, Pflegekinder, (Schwieger-)Eltern und weitere Familienmitglieder), *leibliche Familienmitglieder der Pflegekinder* sowie um *Angehörige und MitarbeiterInnen professioneller Institutionen und Systeme*.

Zwischen den *Pflegeeltern* scheint eine große Harmonie und Eintracht zu herrschen, so dass Belastungen an dieser Stelle keine besondere Rolle spielen. Lediglich die frühere, berufsbedingte räumliche Trennung vom Pflegevater, wenn dieser auf Montage war, wird von der Pflegemutter als ungünstig beschrieben. Wie bereits aufgeführt, sorgen sich die Pflegeeltern hinsichtlich ihrer *leiblichen Kinder* in erster Linie darum, dass diese teilweise verzichten und hinter den Bedürfnissen der Pflegekinder zurückstecken müssen *(1550)*.

Auch wenn die Pflegeeltern an mehreren Stellen betonen, dass nicht die *Pflegekinder* selbst als Belastungsquellen der Pflegefamilie gesehen werden dürfen, müssen jedoch einige Auswirkungen herausgestellt werden, die zum einen aus der Aufnahme eines Pflegekindes („pflegefamilienspezifische Belastung") und zum anderen aus der Betreuung und Pflege eines Kindes mit Behinderung („behinderungsspezifische Belastung") resultieren. Die Behinderung des Pflegekindes wird insbesondere dann als Belastungsfaktor für die Pflegeeltern spürbar, wenn sie mit Einschränkungen (Mobilität, Flexibilität, Spontaneität, etc.) und erhöhtem Aufwand (medizinische Versorgung) verbunden ist.[157]

> PM: „Wir hatten dieses Jahr ganz viele Krankenhausaufenthalte, also Kerstin hat ja die große 16-Stunden-OP, dann kam Nina, dann kam Kerstin wieder. Und dann, wenn man dann einfach einen Krankenhauskoller hat, dann kommt der andere und sagt so, tauschen." (1643)

---

[157] vgl. Jespersen 2011 (Kapitel 4.2.7)

Darüber hinaus ist mit der Behinderung der Pflegekinder nicht selten eine optische Auffälligkeit und damit die Gefahr einer doppelten Stigmatisierung der Pflegekinder verbunden, die für die Pflegeeltern scheinbar nicht leicht zu ertragen ist (sichtbare Behinderung als physischer Makel und Kind von Pflegeeltern als familiärer Makel).

> *PM: „Und das haben wir auch schon so bei der Anbahnung gemacht. Die [leiblichen Kinder Anm. d. A.] sind immer mit, ne? Also wir haben die abwechselnd mitgenommen zur Nina, um sie kennen zu lernen, ne? Dass die Kinder sich auch auf sie einstellen konnten. So dass als Nina kam, sie wusste, wo sie hinkommt und wer da wohnt, ne? Und eben auch die Kinder. Weil Nina eben auch ja nicht so aussieht, wie die Norm. Dass sie sich auch nicht erschrecken, ne? Und das war auch wichtig, ne? Also das machen mir auch mit neuen Bekannten. Wir klären die immer auf, ne? Dass wir eben behinderte Kinder haben und dass sie eben nicht so aussehen wie sie – wie andere aussehen. Wir hatten schon mal die Situation, wo dann sich wirklich einer richtig erschreckt hat so: ‚Oh Gott, wie sieht die denn aus?' Und das ist dann wieder zum Schutz von Nina oder Kerstin."*
> *(1576)*

Folgende belastende Aspekte wurden gefunden bei denen nicht die Auswirkungen der Behinderung der Pflegekinder, sondern eher allgemeine, mit der Aufnahme eines Pflegekindes verbundene Probleme im Mittelpunkt stehen. Mit Blick auf die Zeit in der Herkunftsfamilie der Pflegekinder schildern die Pflegeeltern, dass man kein neues Kind, sondern ein Kind mit der gesamten Geschichte und den Auswirkungen des kulturellen Umgangs eines ganzen Familiensystems in die eigene Familie aufnimmt. Die Pflegeeltern beschreiben außerdem, dass sie sich mit Problemen, die das Pflegekind *hat* – wie beispielsweise Traumatisierungen – ebenso auseinandersetzen müssen, wie mit Problemen, die das Pflegekind *macht*. Während die erste Art von Problemen bei den Pflegeeltern zumeist Mitleid, Geduld und Verständnis auslöst, besteht bei der zweiten schon eher die Möglichkeit, dass die Pflegeeltern verärgert und verständnislos auf bestimmte Verhaltensweisen des Pflegekindes reagieren.[158] Beide Pflegeelternteile reflektieren die Ursache für diesen Unterschied im Interview meines Erachtens eindrucksvoll:

---

[158] vgl. Jespersen 2011 (Kapitel 4.2.1)

PM: „Anfangs war es schwieriger, weil ich es nicht wusste, was passiert ist. Ja. Und viele Sachen konnte ich nicht verstehen. Warum reagiert Nina jetzt so? Und wenn ich dann versucht habe, mich ins Kind zu denken, dann konnte ich es besser akzeptieren und besser damit umgehen. Und dann konnte ich Nina da auch besser stützen. Es war mal ne Situation, ich hatte mich schwer über Nina geärgert. Ja, es war irgendwie so eine Alltagssache und sie kam runter und da habe ich gesagt: ‚Nina, geh bitte in dein Zimmer, ich möchte dich im Moment nicht sehen. Einfach, um – ich muss runterkommen, ne? Bevor ich da was sage. Und dann hat sie gemeint, sie müsste jetzt ihr Leben lang in ihrem Zimmer sitzen bleiben und müsste da verhungern. Sie kam richtig böse und sagte, sie will mit mir nix mehr zu tun haben. Ich hätte sie jetzt in ihr Zimmer geschickt und sie müsste jetzt da oben verhungern. So. Da wusste ich erstmal, das war ein Satz, den ich zu meinen Kindern genauso gesagt hätte, ne? Gar nix Böses bei gedacht. Nun konnte ich dann sagen: ‚Ach Nina, so hab ich das nicht gemeint, das war so und so und so konnte sie mich verstehen. So dass sie jetzt, in dem Alter wie sie jetzt ist bzw. über die sieben Jahre Arbeit, die wir hatten, sich sehr sicher fühlt. Also mittlerweile traut sie sich, mich anzumotzen, ja? Ihre Pubertät auszuleben, ne? Und weiß einfach, sie wird hier nicht geschlagen. Ne? Und sie wird hier nicht ins Zimmer gesteckt und hungern gelassen, ne? Das wir uns jetzt mittlerweile da wirklich auf einer normalen Ebene befinden. Aber dafür mussten die ganzen Erfahrungen wohl sein." (287)

Außerdem beschreiben die Pflegeeltern, wie bereits am Beispiel der leiblichen Kinder dargestellt wurde, dass die Bedürfnisse der Pflegekinder die Bedürfnisse anderer Familienmitglieder zum Teil überlagern. Dabei spielen sowohl die Unterstützung zur biographischen Aufarbeitung des Erlebten, als auch die zeitlich und emotional sehr aufwändige Beziehungsgestaltung zu den Pflegekindern eine entscheidende Rolle.

PM: „Genau das sehe ich auch als die Arbeit. Also, ich finde die Behinderung von Nina und die Behinderung von Kerstin absolut nicht schlimm. Für mich pflegerisch komme ich super damit klar. Aber dieses Trauma, das Nina hat, finde ich viel anspruchsvoller für uns und wo wir jetzt wirklich schon sieben Jahre am Arbeiten sind und ich denke immer noch weiter arbeiten müssen, weil dieses Hungern und Horten, das ist schon besser geworden – um Gottes Willen, aber es ist nicht weg und da kann die nächste Person mit schwarzer Brille kommen und es kriegt wieder so einen Tick ab, ne? Also es sitzt und das wird das Leben lang sitzen." (2063)

Unter den weiteren Familienmitgliedern, die in Verbindung mit einer Belastung der Pflegeeltern genannt werden, wird während des Interviews noch die Mutter der Pflegemutter erwähnt, deren Tod die Pflegemutter erschüttert hat. Auch hierbei handelt es sich um eine pflegefamilien-unspezifische Belastung.

> *PM: „...zum Beispiel, als meine Mutter gestorben ist, da musste ich einen Sinn finden. Warum ist das, warum ist es richtig, dass eine Frau von 58 Jahren stirbt?" (1796)*

Ferner werden die Geschwister der Pflegeeltern genannt, die mit Blick auf die Probleme der Pflegefamilie als desinteressiert und ignorant beschrieben werden:[159]

> *PM: „Ich habe Geschwister. Und er hat auch Geschwister, ne? So und da fahren wir Weihnachten hin und dann fahren wir mal zum Kaffee trinken, ja? Aber das ist keine wo ich sage: ,Boah, die haben mich unterstützt' Noch nie, noch nie. Wie Kerstin im Koma lag, da kam dann seine Schwester und sagte: ,Wie geht es noch mal – ähm ähm ähm'. Ich dachte: ,Und ich sage dir jetzt nicht den Namen des Kindes, kannst du selber drauf kommen'. ,Ach hilf mir, ich weiß nicht mehr wie es heißt', ne? So und ich sage ja so und so und sie: ,Aber weshalb ich eigentlich anrufe, kann der Thorsten mal nach einem Garagenplatz fragen?' Also das ist das Interesse der Familie. Mein Bruder möchte den, der möchte einen Garagenplatz. So also, die sind eigentlich gar nicht da." (3171)*

Wie bereits in vorherigen Abschnitten deutlich wurde, erhalten die *leiblichen Familienmitglieder des Pflegekindes* (hier insbesondere die leibliche Mutter von Nina) eine vorrangige Bedeutung als Belastungsquelle der Pflegeeltern. Neben potentiellen Ansprüchen auf das Pflegekind (Sorge um Rückkehr des Pflegekindes in die leibliche Familie), die von den Pflegeeltern als Bedrohung erlebt werden, wird die Beziehung zwischen Pflegeeltern und leiblicher Mutter dadurch belastet, dass sie für die Pflegeeltern als Ursache aller Probleme des Pflegekindes gilt.

> *PM: „Und das sind all die Sachen, die für mich von der Mutter kommen. Ja, und das sind Gründe, warum ich diese Frau hasse, ne?" (415)*

---

[159] vgl. Jespersen 2011 (Kapitel 4.2.8)

Daneben empfinden die Pflegeeltern einige Eigenschaften und Verhaltensweisen der leiblichen Mutter sowie deren Aussagen gegenüber der Pflegetochter
nahezu unerträglich.

> *PM: „Nina hat ganz klar gesagt, dass sie das schlimm findet immer auf
> den Schoß gezogen zu werden von der Mutter. Die kommt hier hin und
> wird auf den Schoß gezogen. Sie kann sich gar nicht wehren. Oder dass
> die immer Fotos macht, auch wenn Nina dann ganz klar sagt: ‚Ich mag
> nicht so viele Fotos.‘ Da hat die halt überhaupt nie Rücksicht da drauf
> genommen."* (2539)

Dabei wird bereits die Planung von Besuchskontakten mit der leiblichen Mutter
von den Pflegeeltern als belastend beschrieben.

> *PM: „...da kam wohl so ein Flash hoch und sie hatte diese Panik dann ge-
> habt. Furchtbar. Also ganz schlimm. Und das war der Auslöser, dass Nina
> sagte, sie wollte die Mutter nicht mehr sehen. Weil einen Tag vorher war
> die Frau Simon* [zuständige Mitarbeiterin des begleitenden Fachdiens-
> tes; Anm. d. A.] *da und hatte einen Besuchskontakt angekündigt. Und
> das steht alles so im Zusammenhang. Das war furchtbar für Nina. Ganz
> schlimm. (325)*

Bei den leiblichen Vätern der beiden Pflegetöchter spielen andere Aspekte eine
entscheidende Rolle für die Pflegeeltern. Der Vater von Kerstin ist unbekannt,
wodurch jegliche Informationen für die Pflegeeltern und die Pflegetochter fehlen. Die Probleme mit dem Vater von Nina wurden bereits angedeutet. Im Vergleich zur Mutter erscheinen diese als weitaus weniger dramatisch. Allerdings
bemängeln die Pflegeeltern dessen zu geringes Maß an Zuverlässigkeit, um
dauerhaft miteinander planen und auskommen zu können.

> *PM: „Leider, leider ist der* [leibliche Vater Anm. d. A.] *jetzt auch wieder
> weg. Er stand schön* [zur Verfügung Anm. d. A.] *und war auch sehr gut
> für Nina und dann hat er aber noch mal mit einer neuen Frau ein Kind
> bekommen und ja – jetzt ist das alte Kind wieder nicht mehr da." (114)*

Darüber hinaus spielen die *Angehörigen und MitarbeiterInnen professioneller
Institutionen und Systeme* an dieser Stelle eine wichtige Rolle. Diese Gruppe
besteht aus MitarbeiterInnen des medizinischen Systems (Medizinisches Per-
sonal und MitarbeiterInnen von Krankenkassen), des begleitenden sozialen
Fachdienstes, des Jugendamtes, des Kindergartens sowie LehrerInnen. Eine der

größten Empörungen der Pflegeeltern wird durch verletzende und moralisch wie professionell höchst bedenkliche Aussagen des medizinischen Personals gegenüber den Pflegekindern ausgelöst. Nach ihren Erfahrungen scheint es sich dabei nicht um Einzelfälle zu handeln.

> *PM: „Wir haben auch schon Ärzte verlassen. Also der eine Arzt damals in N-Stadt, deshalb sind wir auch nicht nach N-Stadt, da sind wir hin und sollten Erklärungen kriegen, über Hydrozephalus. Was ist das? Und wir kamen mit Nina rein, das erste was der sagte: ‚Wie sieht die denn aus?‘"*
> *PV: „Wir hatten das Kind aber dabei."*
> *PM: „Nina war neben mir: ‚Wie sieht die denn aus?‘" (2253)*
> ...
> *PM: „Dann hatten wir eine Kinderärztin, die sollte ich immer anrufen, wenn Kerstin einen Anfall hat. Ich rufe sie an und dann sagt die mir: ‚Ja, Frau Seidel, damit müssen Sie leben, dieses Kind hat einen Matschekopf.‘ Ja, also, wo lebe ich? Wann lebe ich? 1930? Ja, ist doch wahr, ne?"*
> *(2264)*

Daneben scheint ein als unprofessionell erlebtes Verhalten und Handeln der MitarbeiterInnen des medizinischen Sektors die Pflegeeltern zu belasten. Hierbei spielt ein vorurteilsbelasteter Umgang mit Eltern von Kindern mit Behinderung ebenso eine Rolle, wie kompetenzüberschreitende Diagnosen oder eine ausschließlich auf Wirtschaftlichkeit ausgerichtete ärztlichen Behandlung.

> *PV: „Kosten-Nutzungsrechnung."*
> *PM: „Wurde uns auch schon mal von einem Arzt gesagt.*
> *I: „Im Bezug auf ihr Kind?"*
> *PM: „Kerstin. Und dann lag sie siebeneinhalb Wochen auf Intensivstation. Das war diese Zeit in G-Stadt, wo sie dann durch die Epilepsie hinkam."*
> *PV: „Wo man wirklich überlegt, das kann es doch nicht sein. Man kann doch nicht ein Menschenleben aufrechnen. Hat es einen Sinn oder hat es keinen Sinn?"*
> *PM: „Und wer bestimmt den Sinn?"*
> *PV: „Und wie hoch dürfen die Kosten dafür sein?" (1846)*

Die MitarbeiterInnen des begleitenden sozialen Fachdienstes tauchen in der Wahrnehmung der Pflegeeltern nur an wenigen Stellen als Belastungsquelle auf. Die einzigen Hinweise, die in diese Richtung zeigen, beziehen sich darauf, dass auch die MitarbeiterInnen in ihrer Handlungsfähigkeit hinsichtlich der

Widerstände zahlungsunwilliger Behörden eingeschränkt sind. Die Pflegeeltern weisen außerdem daraufhin, dass sie gut gemeinte, aber unnötige Ratschläge in Krisensituationen eher kontraproduktiv finden

> **PM:** *„Frau Dorsel* [Mitarbeiterin des sozialen Fachdienstes Anm. d. A.] *sagte immer ich solle im Keller suchen gehen und auf dem Speicher suchen gehen. Ich habe keinen Keller. Ja, so, man wird dann auch böse. Ja. Wenn alle Welt kommt [...] und jeder erzählte mir: ‚Ja Nina kann sich in der Zeit vertan haben.' Ja. Jedes Kind, aber Nina nicht. Ich kenn doch Nina."* (367).

Die MitarbeiterInnen der zuständigen Jugendämter tauchen in den Erzählungen der Pflegeeltern kaum auf, was möglicherweise an der hohen Präsenz des begleitenden sozialen Fachdienstes liegt. Belastende Erfahrungen schildern die Pflegeeltern in Bezug auf die zu geringe Zeit der MitarbeiterInnen für die Betreuung ihrer Pflegefamilien *(2589)*. Außerdem beschreiben sie, dass aufgrund von fehlenden Informationen seitens des Jugendamtes dramatische Situationen für die am Pflegeverhältnis beteiligten Personen entstehen können.

> **PM:** *„Das Mädchen* [erste Pflegetochter, Anm. d. A.] *hatte... – das Jugendamt hat uns Sachen verschwiegen. Suizidversuche, dass sie Borderline hat, ja, so Sachen. Und dann habe ich dieses Kind gefunden, das hat mit hundert Schnitten dagelegen."* (2742)

Wie zuvor bereits erwähnt, werden auch die Arbeitskollegen des Pflegevaters als Belastungsquelle benannt. *(1153)*

Hinsichtlich des **Settings** der Pflegefamilie sollen zwei weitere Kategorien von Belastungen festgehalten werden. Diesbezüglich wurde die *Wohnsituation* und die mit den Pflegekindern verbundene Notwendigkeit zur aufwändigen, behindertengerechten Umgestaltung des Eigenheimes von den Pflegeeltern thematisiert.

> **PV:** *„Wo die Tür nur eine hohe Schwelle hatte. So hoch, wie die Balkontüren eben normal sind. Dass wir sie rausgerissen haben. Haben die einbauen lassen, weil da war die Schwelle nur zwei Zentimeter hoch..."*
> **PM:** *„Und so kann Kerstin fahren."*
> **PV:** *„... und dass ich anschließend, wie sie die Tür am einbauen waren, wegen fünf Millimetern den Stemmhammer ausgepackt habe und habe den Beton noch mal was weggestemmt, damit die Tür noch fünf Milli-*

meter tiefer konnte. Weil die Monteure haben dann zu mir gesagt: ‚Wäre der Beton noch ein bisschen mehr weg, dann könnte die Tür noch etwas tiefer.' Ja, dann habe ich den Beton noch mal weggescheppt wegen fünf Millimetern. Das ist wohl nicht viel, aber ich habe gesagt, für die Kerstin zum Darüberfahren ist es viel – also muss er weg." (1437)

Außerdem gehört zu diesem Bereich auch das *Berufsfeld* des Pflegevaters. Auch wenn er beschreibt, dass er letztlich seine Wünsche durchsetzen kann, wird deutlich, mit welchen Widerständen sich der Pflegevater dafür auseinander setzen musste.

> *PV: „Ich sage immer, wenn man der Erste irgendwo ist, ist es schwierig."*
> *I: „Wie meinen Sie – ‚der Erste'?"*
> *PV: „Ich bin bei uns in der Firma der erste Mann, der das macht. Im Büro, die Bürodamen haben wir mehr, die so fünfzig Prozent nur arbeiten. Aber gerade im Handwerk, im Baubereich oder so drinnen, war das was Neues. Und dadurch war das am Anfang ein bisschen schwierig, weil die Firma hat sich also am Anfang wirklich ein bisschen gesträubt. Musste schon ein bisschen gekämpft werden von mir aus, dass wir es hinkriegen."*
> *I: „Können Sie das ein bisschen beschreiben? Was das für Konflikte dann waren, die Sie da..."*
> *PV: „Ach, dass sie es nicht wollten. Für halbtags hätten sie keine Arbeit für mich. Und dann auch nahe gelegt, vielleicht was anderes zu suchen. Aber das wollte ich ja nicht. Wollte ja in der Firma ja gerne bleiben. So, in diese Art ging das."* (1305)

Zusammenfassend werden die Belastungen der Pflegeeltern auf der Ebene des Lebensfeldes nun auf der folgenden Seite übersichtsartig darstellt.

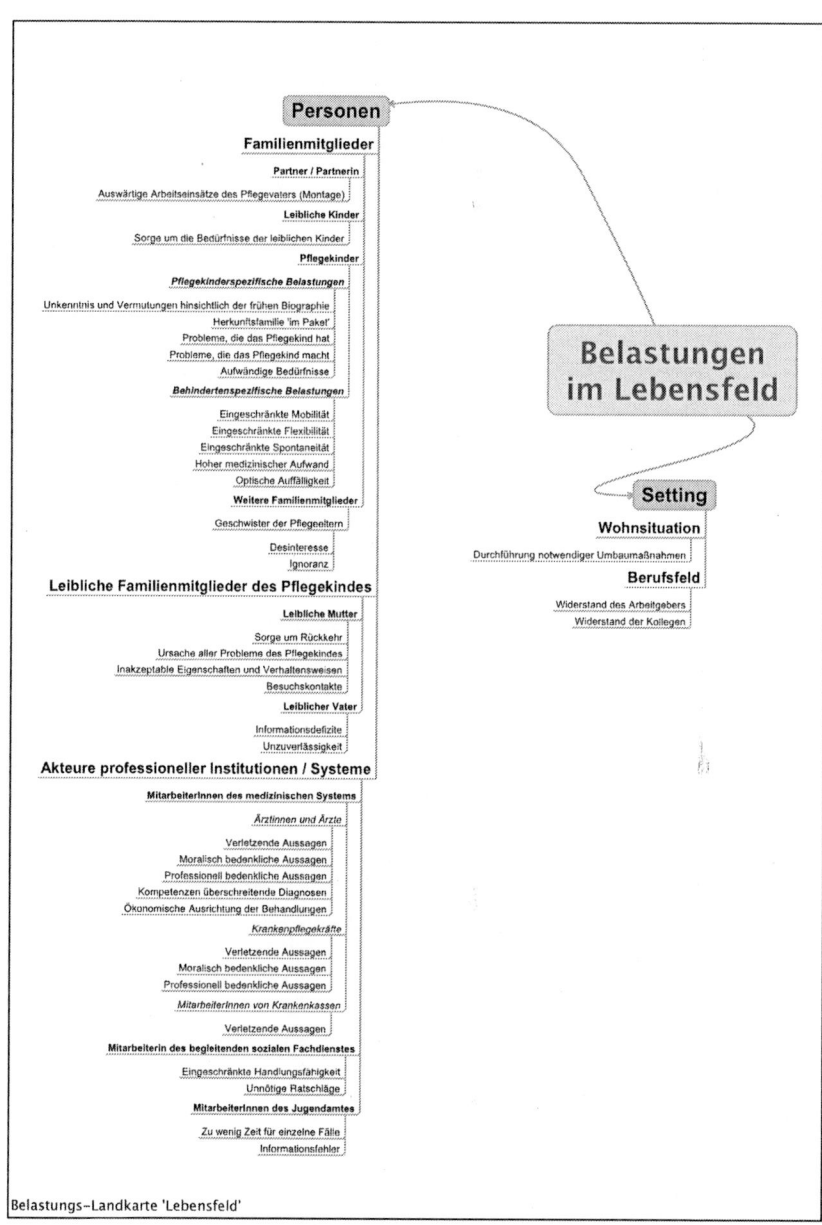

Personen

Familienmitglieder

Partner / Partnerin
Auswärtige Arbeitseinsätze des Pflegevaters (Montage)

Leibliche Kinder
Sorge um die Bedürfnisse der leiblichen Kinder

Pflegekinder

Pflegekinderspezifische Belastungen
Unkenntnis und Vermutungen hinsichtlich der frühen Biographie
Herkunftsfamilie 'im Paket'
Probleme, die das Pflegekind hat
Probleme, die das Pflegekind macht
Aufwändige Bedürfnisse

Behindertenspezifische Belastungen
Eingeschränkte Mobilität
Eingeschränkte Flexibilität
Eingeschränkte Spontaneität
Hoher medizinischer Aufwand
Optische Auffälligkeit

Weitere Familienmitglieder
Geschwister der Pflegeeltern

Desinteresse
Ignoranz

Leibliche Familienmitglieder des Pflegekindes

Leibliche Mutter
Sorge um Rückkehr
Ursache aller Probleme des Pflegekindes
Inakzeptable Eigenschaften und Verhaltensweisen
Besuchskontakte

Leiblicher Vater
Informationsdefizite
Unzuverlässigkeit

Akteure professioneller Institutionen / Systeme

MitarbeiterInnen des medizinischen Systems

Ärztinnen und Ärzte
Verletzende Aussagen
Moralisch bedenkliche Aussagen
Professionell bedenkliche Aussagen
Kompetenzen überschreitende Diagnosen
Ökonomische Ausrichtung der Behandlungen

Krankenpflegekräfte
Verletzende Aussagen
Moralisch bedenkliche Aussagen
Professionell bedenkliche Aussagen

Mitarbeiterinnen von Krankenkassen
Verletzende Aussagen

Mitarbeiterin des begleitenden sozialen Fachdienstes
Eingeschränkte Handlungsfähigkeit
Unnötige Ratschläge

MitarbeiterInnen des Jugendamtes
Zu wenig Zeit für einzelne Fälle
Informationsfehler

Belastungen im Lebensfeld

Setting

Wohnsituation
Durchführung notwendiger Umbaumaßnahmen

Berufsfeld
Widerstand des Arbeitgebers
Widerstand der Kollegen

Belastungs-Landkarte 'Lebensfeld'

3.3.1.3   Belastungen im gesellschaftlichen Kontext

Abschließend werden die von den Pflegeeltern beschriebenen Belastungen dargestellt, deren Zuordnung auf der Ebene des *gesellschaftlichen Kontextes* erfolgt. Dabei konnten drei Kategorien definiert werden, die für die Pflegeeltern als Belastungsquelle gelten. Bei der ersten Kategorie handelt es sich um das breite Feld der *belastenden Gesellschaftsstrukturen*. An dieser Stelle scheint mir eine weitere Unterteilung sinnvoll zu sein. Das erste gesellschaftsstrukturelle Thema bezieht sich auf negative Erfahrungen mit der Behinderung der Pflegekinder. Man kann an einigen Stellen ohne Übertreibung von behindertenfeindlichen Erlebnissen der Pflegeeltern sprechen.[160] Außerdem bemängeln die Pflegeeltern entwürdigende Blicke, denen ihre Pflegekinder ausgesetzt sind sowie architektonische Barrieren, die den Pflegefamilien ihre Mobilität erschweren.

Das zweite gesellschaftsstrukturelle Thema bezieht sich auf negative Erfahrungen im Umgang mit Angehörigen einer Pflegefamilie. Nach ihrem Eindruck werden Pflegeeltern nicht selten als ‚Eltern zweiter Klasse' behandelt und müssen sich mit missgünstigen Kommentaren zum Pflegegeld auseinandersetzen.

> **PM:** *„Dann waren wir in diesem Astrid-Lindgren-Haus, im Bullerbü-Haus, da waren vier Familien mit schwerst-verbrannten Kindern eingeladen worden. Da haben wir auch wieder gesagt gekriegt, aber von der Leitung, von wirklich Fachleuten, dass wir uns ja da gar nicht einfühlen könnten, weil es ist ja nicht unser leibliches Kind. Ja, aber natürlich kann ich mich einfühlen. Natürlich habe ich diesen Unfall nicht mitgemacht, natürlich muss ich nicht mit einem schlechten Gewissen rumlaufen. Habe ich einen Fehler gemacht, weil mein Kind verbrüht oder was weiß der Henker? Habe ich nicht. Ich kann mit gutem Gewissen sofort dran gehen, zu helfen, ne? Aber die ganzen Operationen, was wir alles durch haben. Was Nina an Operationen hat, das haben wir doch genauso getragen, wie die anderen. Aber wir, wir werden immer abgewertet. Das ist schon eine Abwertung."*
>
> **PV:** *„Du bist also Eltern zweiter Klasse." (956)*

---

160 vgl. Kapitel 3.3.1.2: Belastungen im Lebensfeld

Außerdem werden von den Pflegeeltern in diesem Kontext einige *Behörden- und Institutionsstrukturen* als belastend beschrieben. Dabei kritisieren sie recht scharf die aufwändige Auseinandersetzung mit MitarbeiterInnen, die sich gegen angeordnete Kostenübernahmen im Gesundheitssystem sperren. Daneben erschwert ihnen die träge Bearbeitung und langwierige Dauer die Planung und weitere Gestaltung ihres Alltags. Außer den bereits angesprochenen auf Wirtschaftlichkeit ausgerichteten Fokussierungen innerhalb der zuständigen Behörden kritisieren die Pflegeeltern anonyme Strukturen, die eine individuelle Betrachtung der familiären Situation nicht ermöglichen. Ferner äußern sie sich kritisch zu den großen regionalen Unterschieden hinsichtlich der Betreuung von Pflegefamilien, die ihnen eine systematische Orientierung hinsichtlich geltender Leistungsansprüche sowie der allgemeinen Rechtslage erschwert.

> **PV:** *„Ja, weil wir inzwischen wissen, wenn ich einen Antrag auf der Behörde stelle oder auf der, sind das trotzdem zwei verschiedene Schuhe. Auf der Behörde wird das wieder ganz anders gehandhabt wie auf der Behörde. Also es ist manchmal von Kreis zu Kreis unterschiedlich. Also noch nicht mal in Schleswig-Holstein haben wir im Prinzip Einheit. Da hat jeder Kreis immer wieder eigene Möglichkeiten die stimmen können oder machen können."*
> **PM:** *„Und da unsere Kinder nicht aus Schleswig-Holstein kommen, sondern aus Nordrhein-Westfalen ist das noch alles etwas schwieriger."* (2375)

Eine weitere Belastungsquelle innerhalb des gesellschaftlichen Kontextes ergibt sich aus den bestehenden *rechtlichen Rahmenbedingungen*. Dabei wird deutlich, dass sich die Pflegeeltern im Sinne der Gerechtigkeit für ihr Pflegekind zum Teil eine Verschiebung juristischer Grenzen wünschen, um die vermutete Ungerechtigkeit zu sühnen, die ihrem Pflegekind angetan wurde.

> **PM:** *„Jugendamt ist sich sicher. Krankenhaus ist sich sicher. Also Krankenhaus ist sich sicher. Jugendamt kennt die Mutter – die sind sich relativ sicher. Die Staatsanwaltschaft hat aber nichts gemacht. Man kann nichts beweisen."* (341)

Verständnislos äußern sich die Pflegeeltern darüber hinaus auch gegenüber Unterhaltsansprüchen, die leibliche Eltern an ihre Kinder stellen können, obwohl diese in einer Pflegefamilie aufgewachsen sind. *(2095)*

Zusammenfassend werden die Belastungen der Pflegeeltern auf der Ebene des gesellschaftlichen Kontextes nun übersichtsartig darstellt.

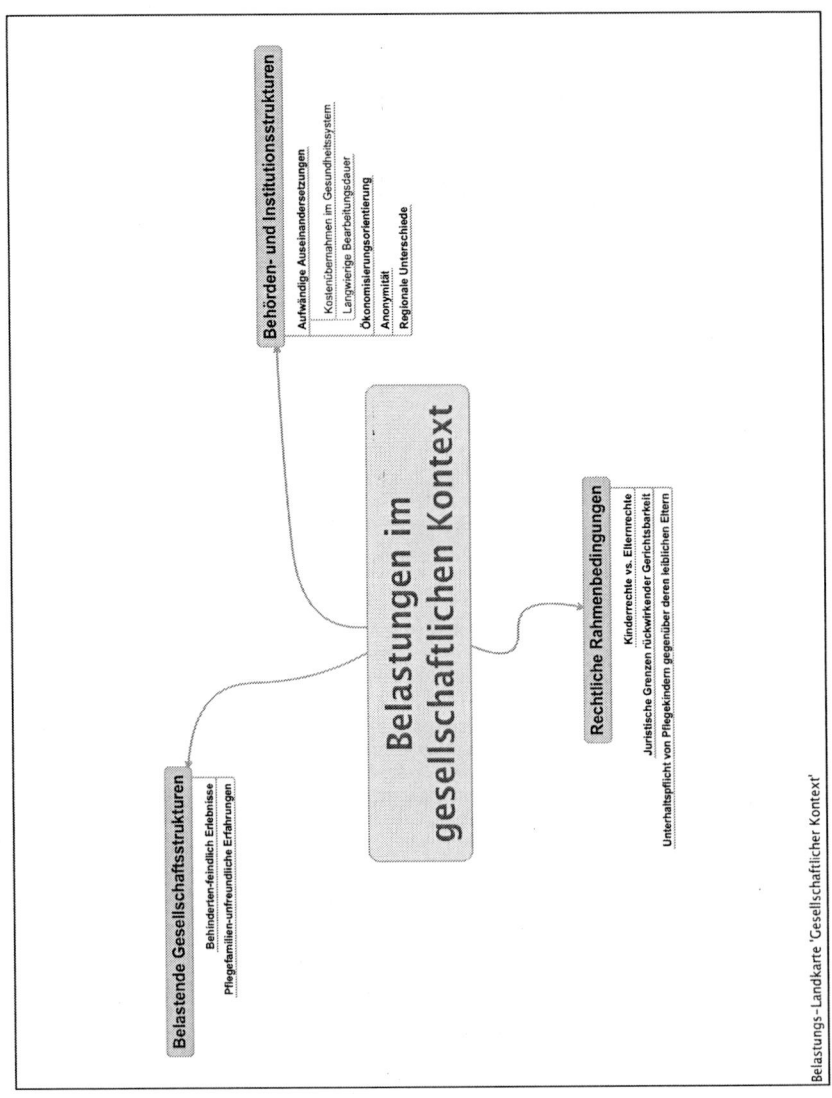

Belastungs-Landkarte 'Gesellschaftlicher Kontext'

3.3.2 Kategoriensystem II - Ressourcen von Pflegeeltern

In den folgenden Abschnitten werden die Ressourcen der Pflegeeltern vorgestellt. Die wichtigsten Kategorien werden mit der zugehörigen Zeilenangabe des Transkriptes verknüpft.[161] Auch an dieser Stelle möchte ich zur besseren Orientierung eine Übersichtskarte der Ressourcen verwenden, die nachfolgend hinsichtlich ihrer drei Ebenen weiter entfaltet wird.

Bei genauer Betrachtung der Übersichtskarte wird deutlich, dass ein sehr großer Teil der in Kapitel 3.2 als Belastungsfelder beschriebenen Kategorien ebenfalls als Ressourcen der Pflegeeltern in Erscheinung treten. Bereits an dieser Stelle lässt sich also erkennen, dass sich die Belastungsquellen und Ressourcen der Pflegeeltern nicht linear und unabhängig voneinander entwickeln, sondern in engen Wechselwirkungen und Interdependenzen zueinander stehen. Sie können sich in ihren Auswirkungen gegenseitig verstärken oder abschwächen. Zum Teil kann ein und derselbe Aspekt in der einen Situation belastend und in der anderen hilfreich sein.

---

[161] Für den Bereich der intrapersonalen Ressourcen habe ich aufgrund der Vielzahl der zugehörigen Ankerbeispiele darauf verzichtet, die passenden Interviewsequenzen abzubilden. Stattdessen verweise ich auf die zugehörige Stelle im Transkript und verbleibe in meiner Darstellung dicht an den verwendeten Begriffen der Pflegeeltern, um die Authentizität des Datenmaterials zu erhalten.

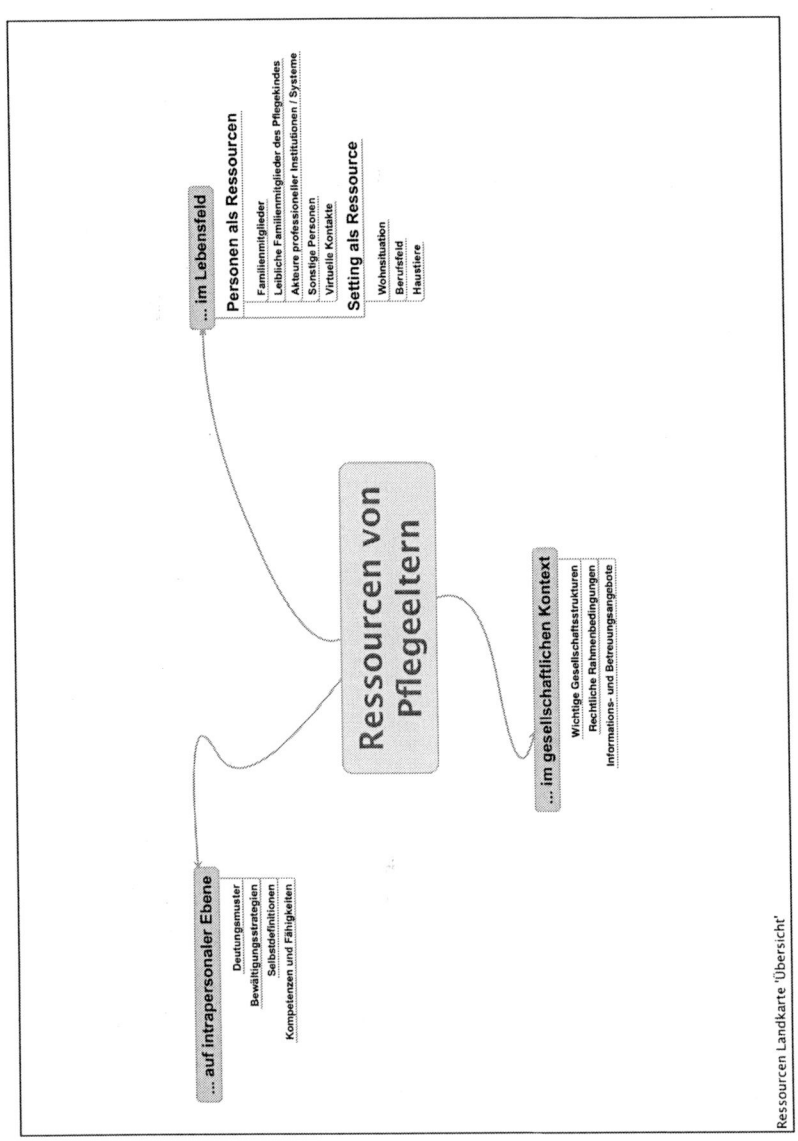

... im Lebensfeld

Personen als Ressourcen

- Familienmitglieder
- Leibliche Familienmitglieder des Pflegekindes
- Akteure professioneller Institutionen / Systeme
- Sonstige Personen
- Virtuelle Kontakte

Setting als Ressource

- Wohnsituation
- Berufsfeld
- Haustiere

Ressourcen von Pflegeeltern

... auf intrapersonaler Ebene

- Deutungsmuster
- Bewältigungsstrategien
- Selbstdefinitionen
- Kompetenzen und Fähigkeiten

... im gesellschaftlichen Kontext

- Wichtige Gesellschaftsstrukturen
- Rechtliche Rahmenbedingungen
- Informations- und Betreuungsangebote

Ressourcen Landkarte 'Übersicht'

3.3.2.1 Intrapersonale Ressourcen

Der zuvor begonnenen Systematik folgend, werden nun die von den Pflegeeltern beschriebenen Ressourcen aufgeführt, deren Zuordnung auf der **intrapersonalen Ebene** erfolgt. Aufgrund der erheblichen Differenziertheit und Anzahl der Aussagen der Pflegeeltern, die sich auf diese Ebene beziehen lassen, handelt es sich nach meinem Eindruck hierbei um die mit Abstand komplexeste Auswertungsebene. Ich habe den Versuch unternommen, dieses reichhaltige Feld kategorisch zu ordnen und so für weitere Bearbeitungsschritte nutzbar zu machen.

Deutungsmuster
Die erste Kategorie im Feld der intrapersonalen Ressourcen bezieht sich auf die **Deutungsmuster** der Pflegeeltern. Relevant für die Zuordnung zu dieser Kategorie sind die Aussagen der Pflegeeltern, in denen sie erklären, wie bestimmte Dinge und Abläufe nach ihrem Eindruck und ihrer Überzeugung funktionieren. Vor dem Hintergrund der Frage nach Ressourcen ist entscheidend, dass ihnen ihre Überzeugungen als Kompass dienen können, um Handlungssicherheit und Orientierung im Alltag zu erlangen. Vor diesem Hintergrund konnten drei Unterkategorien gefunden werden, die sich alle mit dem Gelingen des Pflegeverhältnisses befassen:

1. Was benötigen Pflegekinder zum Gelingen eines Pflegeverhältnisses?
2. Was benötigen Pflegeeltern zum Gelingen eines Pflegeverhältnisses?
3. Was benötigen Pflegefamilien insgesamt zum Gelingen eines Pflegeverhältnisses?

An mehreren Stellen schildern die Pflegeeltern, was nach ihrem Eindruck *für die Pflegekinder von besonderer Bedeutung* (gewesen) ist:

* Eine neue Chance auf Familie – die Pflegeeltern betonen die Notwendigkeit eines unbelasteten Neuanfangs. *(2448)*
* Eine echte Familie – für die Pflegekinder sei es wichtig, ein vollwertiger Teil einer Familie zu sein und keinen Sonderstatus innerhalb der Familie zu besitzen. *(967)*
* Partizipation der Kinder – Entscheidungen der Pflegekinder müssten gehört und berücksichtigt werden (insbesondere beim Thema Besuchskontakten). *(1206)*
* Individualität der Kinder – die einzigartige Biographie des Kindes müsse im Erziehungsprozess berücksichtigt werden. *(80)*

- Verlässliche Erwachsene – die Pflegekinder bräuchten erwachsene Bezugspersonen, denen sie wichtige Entscheidungen überlassen können, die keine überhöhten Erwartungen an sie stellen, die in der Lage sind konsequent zu handeln, um ihnen Sicherheit zu vermitteln und die ihre ambivalenten Gefühle zu ihrer Herkunftsfamilie akzeptieren können. *(2502; 2573)*

Ausführliche Hinweise gibt es außerdem hinsichtlich der Frage, *was die Pflegeeltern selbst benötigen* bzw. worüber sie verfügen müssen, um zum Gelingen des Pflegeverhältnisses beizutragen:

- Aufgeschlossenheit – insbesondere, um den leiblichen Eltern der Pflegekinder offen begegnen zu können. *(192)*
- Differenziertes Urteilsvermögen – hauptsächlich, um adäquat mit den leiblichen Eltern der Pflegekinder umgehen zu können und dabei beispielsweise Böswilligkeit von intellektuellen Defiziten (Schuld vs. Unschuld) unterscheiden zu können. *(450)*
- Empathie und Sensibilität – um die Kinder, ihre psychischen Schwierigkeiten und ihre zum Teil anstrengenden Verhaltensweisen verstehen zu können. *(295)*
- Durchhaltevermögen – zum einen für den aufwändigen Prozess des Beziehungsaufbaus zu den Pflegekindern und zum anderen aber auch, um Ziele der Pflegefamilie bei Ämtern, Behörden und Institutionen durchzusetzen.. *(2065; 1474)*
- Humor und Zuversicht – um auch in schwierigen Situationen und gegen Widerstände die Freude am eigenen Schaffen aufrecht zu erhalten. (2627)
- Unterstützung durch ExpertInnen – um in der Pflegeelternrolle nicht nur als engagierte Mutter oder engagierter Vater, sondern als ernstzunehmendes Gegenüber wahrgenommen zu werden und den eigenen Interessen Nachdruck zu verleihen. *(2279)*
- Kritischer Blick auf ExpertInnen – damit bei der Auswahl einer geeigneten Unterstützung die leistungsstarken von den leistungsschwachen ExpertInnen unterschieden werden können. *(2150; 2331)*
- Verknüpfung von persönlicher Freiheit und Berufung – weil es wichtig sei, mit dem eigenen Lebensentwurf zufrieden zu sein und in dem, was man tut, aufzugehen. *(1368)*
- Motivation jenseits von ökonomischen Interessen – weil der persönliche Gewinn eines Pflegeverhältnisses nicht im monetären Erfolg, sondern in einem menschlichen Bereich liegt. *(1731)*

Einige Aussagen der Pflegeeltern befassen sich darüber hinaus mit der Frage, was für ihre *Pflegefamilie insgesamt* wichtig gewesen ist:

- Familiärer Zusammenhalt – damit alle hinter der gemeinsamen Entscheidung stehen können, eine Pflegefamilie zu sein. *(1531)*
- Ein eigenes Verständnis von Normalität – weil in einer Pflegefamilie zumeist das als normal gilt, was in anderen Familien unnormal ist. *(1424)*

Handelt es sich bei den Erklärungen der Pflegeeltern jedoch um Überzeugungen, die sich auf den eigenen Lebenssinn und zum Teil auch auf damit verbundene Handlungs- und Verhaltensmaximen beziehen, erfolgt die Zuordnung auf einer vierten Unterkategorie: den *Sinnkonstruktionen*.

Dabei konnten wiederum vier Punkte abgeleitet werden, die nach meinem Eindruck als Sinnkonstruktionen der Pflegeeltern gelten müssen:

Jeder Mensch ist wertvoll und sinnvoll.
Bezogen auf ihre Pflegekinder betonen die Pflegeeltern, dass man keine Unterschiede zwischen Menschen mit und ohne Behinderung machen dürfe. *(666)*
Der Pflegevater beschreibt als Sinn des Lebens, dass er und seine Frau auf der Welt seien, um Kindern zu helfen. *(1716)*

Du bist, was du tust.
Die Pflegeeltern beschreiben an vielen Stellen, dass es für sie selbst nicht darum gehe, was man sagt, denkt oder plant, sondern darum, was man macht. Sie heben die Bedeutsamkeit des eigenen Handelns hervor. *(1830)*

Die Familie ist der Mittelpunkt des Lebens.
Die Pflegeeltern beschreiben, dass die Familie für sie das Wichtigste im Leben sei. Für sie sei es normal, alles für ihre Kinder und Pflegekinder zu tun, was ihnen möglich ist. Insbesondere in existenziell bedrohlichen Notlagen stünde die Familie geeint zusammen. In der Auseinandersetzung mit dem Tod ist es den Pflegeeltern wichtig darauf hinzuweisen, dass Familienangehörige im Kreis ihrer Familie sterben durften. *(536; 1543; 1552)*

<u>Lebendiger Glaube.</u>
Der Pflegevater beschreibt die Lebendigkeit seines Glaubens. Sie seien keine Kirchgänger und würden selten zu Gott beten, aber der Glaube sei ein wichtiger Teil ihres Alltags, weil sie ihn leben würden, indem sie „menschlich" seien. Die Pflegemutter betont, dass ihr Glaube sie bei der Suche nach Sicherheit und Sinn unterstütze. *(357; 1763; 1830)*

Selbstdefinitionen

Im Rahmen des Interviews mit den Pflegeeltern skizzieren diese an einigen Stellen in gewisser Weise *Selbstdefinitionen*. Diese dienen auf der einen Seite dazu, sich selbst und seine Handlungen einem anderen Menschen zu erklären. Auf der anderen Seite enthalten sie einen selbstvergewissernden Charakter – nach dem Motto: Was bin ich eigentlich für ein Typ?

Diese selbstreflexiven Elemente werden als Ressourcen betrachtet, weil sie dazu führen, sich kritisch mit Aspekten der eigenen Person auseinander zu setzen und daher als entwicklungsdienlich betrachtet werden müssen. Darüber hinaus zeigen sie die Auseinandersetzung zwischen der Person und seiner Umwelt. Sie beschreiben, wie sich die Pflegeeltern selbst sehen und wie sie sich gegenüber ihrer Umwelt darstellen.

Interessant ist, dass in den betreffenden Sequenzen zumeist der Partner oder die Partnerin in die Darstellung mit einbezogen werden. Es geht also weniger um ein Selbstbild im Sinne von „Ich als Pflegemutter/Pflegevater", sondern eher im Sinne von „Wir als Pflegeeltern". Insgesamt konnten vier solcher selbstreflexiver Kategorien auf der Grundlage des Interviews definiert werden.

<u>Wir sind absolute Familienmenschen.</u>
Die Pflegeeltern beschreiben sich selbst als harmonische und liebevolle Familie. Zwischen den leiblichen Kindern und den Pflegeeltern würden keine Unterschiede gemacht und für sie sei es undenkbar, ohne ihre Pflegekinder Urlaub zu machen, wie dies einige andere Pflegeeltern machen würden. Es wird deutlich, dass die Pflegemutter davon überzeugt ist, bei der Erziehung aller fünf Kinder einen guten Job gemacht zu haben bzw. noch zu machen. *(1470; 1767)*

<u>Wir sind offen und aufgeschlossen.</u>
Die Pflegeeltern beschreiben sich selbst als neugierig und offen. Dies scheint ihnen insbesondere für den Umgang mit den leiblichen Eltern der Pflegekinder wichtig zu sein. Problemen und Schwierigkeiten versuchen sie wenn möglich mit Humor und einem teilweise ironischen Umgang zu begegnen. Hinsichtlich der Arbeitsteilung innerhalb der Familie und der beruflichen Veränderung des Pflegevaters wird deutlich, dass die Pflegeeltern keine traditionelle Einstellung haben. Eher wird im traditionsfernen Handeln des Pflegevaters mit Blick auf dessen Berufsverständnis ein avantgardistisches Potential deutlich. *(1368; 1305)*

<u>Wir sind sehr engagiert.</u>
Für die Pflegemutter scheint es bedeutsam zu sein, von den Mitgliedern ihrer Familie gebraucht zu werden. Auch der Pflegevater beschreibt, er gehe vollständig in seiner Rolle auf. Beide schildern beispielhaft wie leidenschaftlich sie ihre Tätigkeit als Pflegeeltern ausüben und wie hoch die Bereitschaft sei, für die Interessen der Pflegekinder und der gesamten Familie zu kämpfen. Der Lebensentwurf der Pflegeeltern wird dabei nicht als uneigennützig gekennzeichnet, sondern sie beschreiben, wie sehr sie an den Herausforderungen der Pflegeverhältnisse wachsen konnten und wie viel sie von den Kindern zurück bekommen würden. *(1368; 1474; 2305)*

<u>Wir sind ziemlich unnormal.</u>
Die Pflegeeltern beschreiben oft, warum sie sich selbst als nicht normal einordnen. Es scheint ihnen darüber hinaus wichtig zu sein, dies nach außen zu repräsentieren. Insbesondere sehr spontane und für andere Personen überraschende Entscheidungen, ihr Auftreten sowie ein hohes Maß an Kreativität im Umgang mit den Pflegekindern verfestigen dieses Bild. *(1397)*

Bewältigungsstrategien

Die zweite Kategorie befasst sich mit den *Bewältigungsstrategien* der Pflegeeltern. Sie gelten grundsätzlich als Ressourcen, weil sich die Pflegeeltern durch sie in die Lage versetzt fühlen, spezifische Aufgaben und Probleme zu bewältigen.[162] Die Pflegeeltern beschreiben in unterschiedlichen Sequenzen des Interviews, wie es ihnen gelingt oder wie sie versuchen, bestimmte Ziele zu erreichen und welche Strategien dabei hinter ihren Handlungen stehen. Bei den Zielen und Absichten unterscheide ich drei Oberkategorien:

1. Wohlbefinden des Pflegekindes
2. Handlungsfähigkeit der Pflegeeltern
3. Stabilität der Familie

Diesen Hauptzielen werden jeweils mehrere Unterkategorien zugeordnet. Diese werden gemeinsam mit der dazugehörigen Strategie und dem Verweis auf eine passende Sequenz aus dem Interview vorgestellt.

Um das **allgemeine Wohlbefinden ihres Pflegekindes** sicherzustellen, beschreiben die Pflegeeltern, wie sie versuchen, besonders *schwierige Situationen kindgerecht oder für das Kind zumindest erträglicher zu gestalten*:

- Bei den regelmäßigen Krankenhausbesuchen bemüht sich der Pflegevater darum, seine Pflegetochter zum Lachen zu bringen, indem er besonders viel Spaß und Blödsinn macht. *(1393)*
- Um der Pflegetochter die Angst vor dem Verhungern zu nehmen, wurde sie mit einem Schutzpaket ausgestattet, das mit einer kleinen Menge Nahrungsmitteln gefüllt war. *(279)*
- Damit sich die Pflegetochter als vollwertiger Teil der Familie begreifen kann, wurde auf ihren Wunsch eine Namensänderung durchgeführt. *(2453)*
- Um der Wut gegenüber der leiblichen Mutter ein Ventil zu geben, darf die Pflegetochter dieser schlechte Dinge wünschen (bspw. Pickel). *(271)*

---

[162] vgl. Kapitel 3.3.1.1: Intrapersonale Belastungen

Außerdem beschreiben die Pflegeeltern, dass sie sich um ein hohes Maß an *Gleichberechtigung und Normalität* für ihre Pflegekinder bemühen:

- Die Pflegekinder erhalten in der Pflegefamilie den gleichen Status wie die leiblichen Kinder. *(580)*
- Um eine der Behinderung der Pflegekinder angemessene medizinische Versorgung sicherzustellen, wechseln die Pflegeeltern Fachärzte und Krankenhäuser. *(2253)*
- Die Pflegeeltern kämpfen hartnäckig darum, dass ihre Pflegekinder trotz Behinderung und Pflegekinderstatus innerhalb der Gesellschaft die gleiche medizinische Behandlung erleben wie andere Kinder. *(2272)*
- Um eine optimale Versorgung und gleichberechtigte Teilhabe der Pflegekinder am sozialen Leben durchzusetzen, bemühen die Pflegeeltern einflussreiche Kontakte. *(1895)*
- Damit sich die jüngste Pflegetochter innerhalb des Hauses möglichst frei mit ihrem Rollstuhl bewegen kann, wurde das Untergeschoss barrierefrei umgestaltet. Der Einbau eines Aufzuges ist geplant. *(1436)*

Aus den Schilderungen der Pflegeeltern lässt sich zudem ableiten, dass ihnen sowohl die *Entwicklung als auch der Schutz des Selbstwertgefühls* ihrer Pflegekinder bedeutsam ist:

- Um der ältesten Pflegetochter ein individuelles Gefühl von Schönheit zu vermitteln, betont die Pflegemutter kontinuierlich, was sie alles hübsch an ihr findet. *(736)*
- Die Pflegeeltern wechseln ein behandelndes Krankenhaus, weil sie dort im Beisein der Pflegetochter von Mitarbeitern verletzende Äußerungen über deren Aussehen ertragen mussten. *(2260)*
- Um die Aufmerksamkeit von der optischen Auffälligkeit der Pflegetöchter abzulenken und diese somit vor den „gaffenden" Blicken anderer Personen zu schützen, lackiert sich der Pflegevater die Fußnägel und geht im Badeanzug ins Schwimmbad.[163] *(1421)*

---

[163] Aufgrund meiner Faszination für die folgende Interviewsequenz komme ich nicht umhin hier eine Ausnahme innerhalb der Systematik zu machen und eine dazugehörige Sequenz vorzustellen.

PM: *„Und wie gesagt, unsere Kinder werden begafft. Wir gehen hin, wir kommen da nicht drum herum, wir werden begafft. Also geht mein Mann hin und lässt sich die Fußnägel lackieren. Und dann guckt kein Mensch mehr auf die Kinder. Da rennen sie alle hin und gucken auf meinen Mann."* (712)

Die Pflegeeltern beschreiben, wie sie versuchen, im Rahmen ihrer Tätigkeit trotz unvorhersehbarer Ereignisse **handlungsfähig zu bleiben oder zu werden**. Wichtig erscheint es ihnen, alle *rechtlichen Möglichkeiten auszuschöpfen*, die im Rahmen eines Pflegeverhältnisses möglich sind:

- Um ein höheres Maß an Verbindlichkeit innerhalb des Pflegeverhältnisses zu erreichen, haben sich die Pflegeeltern erfolgreich um das Sorgerecht für die beiden Pflegetöchter bemüht. *(2451)*
- Damit sich der familiäre Zusammenhalt und das Zugehörigkeitsgefühl innerhalb der Pflegefamilie weiter entwickeln können, wurde bei der ältesten Pflegetochter eine Namensänderung durchgeführt. *(221)*

Außerdem lässt sich aus den Schilderungen der Pflegeeltern ableiten, welche Bedeutung in diesem Zusammenhang der *Erhalt von Zuversicht und Optimismus* für sie hat:

- Die Pflegemutter deutet ihre langwierigen Kämpfe mit zuständigen Kostenträgern als eine sportlich-kämpferische Herausforderung um. *(2110)*
- Damit sie nicht hinsichtlich eigener unrealistischer Entwicklungserwartungen gegenüber der jüngsten Pflegetochter enttäuscht werden, generieren die Pflegeeltern keine übertrieben hohen Ansprüche an sie. *(2621)*

Die Pflegeeltern beschreiben zudem, dass ihnen die *Aneignung von Orientierungsmitteln* dabei hilft, handlungsfähiger zu werden:

- Die Pflegeeltern eignen sich sehr spezifisches Fachwissen (rechtlich und medizinisch) an, damit sie sich mit Fachleuten über die besonderen Bedürfnisse ihrer Pflegekinder unterhalten können. *(2352)*
- Die Pflegeeltern organisieren sich fortlaufend relevante Informationen (Gesetzesänderungen, neue Behandlungsmethoden etc.), um eine optimale Versorgung der Pflegekinder abzusichern. *(2368)*

Hinsichtlich der Schilderungen zum ersten (gescheiterten) Pflegeverhältnis, scheint es für die Pflegeeltern wichtig zu sein, eine *Legitimation für das Scheitern* zu finden:

- Die Pflegeeltern betonen, dass ihre erste Pflegetochter und die Familie nicht zusammen gepasst hätten. Auch die Berücksichtigung der natürlichen Geschwisterreihe (Pflegekind immer das jüngste Kind der Familie) sei nicht erfolgt. *(2742)*

Außerdem wird deutlich, dass es für die Pflegemutter bedeutsam ist, ihre Gefühle ausdrücken zu können bzw. ein zweckmäßiges *Ventil für ihre negativen Gefühle* zu haben:

- Um der leiblichen Mutter ihrer ältesten Pflegetochter ihre Abneigung zu demonstrieren, erhält diese (im Gegensatz zur leiblichen Mutter der jüngsten Pflegetochter) keine Unterstützung oder Anerkennung. *(492)*
- Damit ein Sachbearbeiter der zuständigen Krankenkasse seine Entscheidungen zugunsten des Pflegekindes trifft, konfrontiert die Pflegemutter ihn harsch. *(1970)*
- In Phasen großer Wut und Traurigkeit lässt die Pflegemutter ihren Gefühlen freien Lauf und weint. *(1885)*
- Während einer Phase voller Hoffnungslosigkeit, beginnt die Pflegemutter zu Gott zu beten und schließt „einen Pakt". *(1802)*

Die Pflegeeltern beschreiben an einigen Stellen, wie es ihnen gelingt, die **Stabilität der Familie** und den Zusammenhalt innerhalb der Familie sicherzustellen. Hierfür notwendig scheint ihnen ein *Zugeständnis an Freiheit* für die leiblichen Kinder:

- Die leiblichen Kinder wurden von Beginn an in die Entscheidung einbezogen, ein Pflegekind aufzunehmen, damit sie in der Folge auch hinter dieser Entscheidung stehen konnten. *(1531)*
- Die leiblichen (erwachsenen) Kinder werden von den Pflegeeltern „losgelassen", weil sie die Erfahrung gemacht haben, dass dadurch die Möglichkeit für ein intensives Verhältnis zwischen Eltern und Kindern steigt. *(1005)*

Darüber hinaus wird deutlich, dass den Pflegeeltern ein *konsequentes Handeln im Interesse der Familie* wichtig ist:

- Um die leiblichen Kinder und sich selbst zu schützen, sind sie davon überzeugt, dass es notwendig war, ihr erstes Pflegeverhältnis abzubrechen. *(2744)*

- Damit sich der Pflegevater stärker im Alltag der Pflegefamilie engagieren kann, reduziert er seine berufliche Tätigkeit und steigt dadurch freiwillig innerhalb der beruflichen Hierarchie ab. *(1251)*

Kompetenzen und Fähigkeiten
Als nächster großer Bereich der durch das Interview identifizierten Ressourcen werden nun die *Kompetenzen und Fähigkeiten* der Pflegeeltern vorgestellt. Diese werden unterteilt in *emotionale Kompetenzen, kognitive Kompetenzen, Lebenserfahrung* bzw. *biographische Kompetenzen, soziale Kompetenzen, erzieherische Kompetenzen* sowie die *sonstigen persönlichen Kompetenzen und Fähigkeiten* der Pflegeeltern.[164]

Bei den *emotionalen Kompetenzen* handelt es sich auf der einen Seite um die Fähigkeit zum konstruktiven Umgang mit emotional schwierigen oder aufgeladenen Situationen. Aus den Schilderungen lässt sich der Eindruck ableiten, dass Pflegeeltern prinzipiell emotional belastbar sein sollten. So beschreiben die Pflegeeltern, dass es zum Wohle des Kindes teilweise notwendig sei, die eigenen Gefühle unter Kontrolle zu haben (beispielsweise im gemeinsamen Kontakt mit den leiblichen Eltern der Pflegekinder). Dabei scheint es für die Pflegeeltern innerhalb des Pflegeverhältnisses insgesamt wichtig zu sein, ambivalente Gefühle aushalten zu können und die eigenen Grenzen der Belastbarkeit wahrnehmen und akzeptieren zu können. *(263; 2573)*
Auf der anderen Seite beschreiben die Pflegeeltern in einigen Sequenzen, welche Gefühle mit Blick auf das Pflegeverhältnis für sie besonders angenehm sind. Dabei spielt für die Pflegeeltern die Liebe und Zuneigung zwischen den Pflegeeltern, den leiblichen Kindern und den Pflegekindern ebenso eine wichtige Rolle wie die gegenseitige Vertrautheit. Außerdem ist es bedeutsam für die Pflegeeltern, mit ihrem eigenen Lebensentwurf, dem aktuellen Ist-Stand innerhalb der Familie sowie der Entwicklung des Pflegekindes zufrieden zu sein.

---

[164] An dieser Stelle sei auf die Selbstwirksamkeitserwartungen von Pflegeeltern hingewiesen, mit denen sich Andy Jespersen (2011) in der Analyse eines Pflegeelternforums befasst (vgl. Kapitel 4.1.3).

Die Pflegemutter unterstreicht darüber hinaus, dass es für sie sehr hilfreich sei, ein Gefühl der Sicherheit hinsichtlich des Verbleibs der Pflegekinder in der Pflegefamilie zu haben. Positive Empfindungen beschreiben die Pflegeeltern, wenn sie bemerken, dass ihre Pflegekinder glücklich und zufrieden wirken. *(1709; 2627)*

Bei den *kognitiven Kompetenzen* der Pflegeeltern handelt es sich zum einen um die Aneignung und Anwendung von nützlichen Orientierungsmitteln. Die Pflegeeltern verfügen beispielsweise über sehr spezifische Fachkenntnisse hinsichtlich der Behinderung und der pflegerischen Versorgung ihrer Pflegekinder. *(2321)* Außerdem verfügen die Pflegeeltern über ein differenziertes Urteilsvermögen, das ihnen nicht erlaubt, pauschale Aussagen über Herkunftseltern zu tätigen, ohne sich zuvor mit der individuellen Lebenssituation der betroffenen Person auseinandergesetzt zu haben. *(120)* Darüber hinaus scheinen die Pflegeeltern über die Fähigkeit zu verfügen, ihr eigenes Handeln adäquat an die eigenen emotionalen Grenzen anzupassen. *(2777)*

Mit Blick auf die *Lebenserfahrung bzw. die biographischen Kompetenzen* taucht insbesondere ein Aspekt in der Darstellung der Pflegeeltern mehrfach auf. Dabei schildert die Pflegemutter, dass sie mittlerweile eine Menge Erfahrung im Umgang mit unterschiedlichen ExpertInnen habe. Im Umgang mit Behörden und Krankenkassen, habe sie gelernt, dass man immer weiter kämpfen müsse. *(1873)* Im Krankenhaus sei es notwendig, eine ziemlich deutliche Sprache zu sprechen und auf die individuelle Betroffenheit als Patient oder Angehöriger sowie auf die erforderlichen ethischen Maßstäbe hinzuweisen. *(2260)*

Die nächste Kategorie befasst sich mit den *sozialen Kompetenzen* der Pflegeeltern. Dabei wird nach dem Ausgangspunkt einer Handlung unterschieden: Wann agieren die Pflegeeltern selbst und wann reagieren sie auf jemanden? Wenn die Pflegeeltern selbst agieren, werden laut ihrer Schilderung folgende Aspekte erkenntlich: Sie verfügen über die Fähigkeit, andere Personen darauf hinzuweisen und zu aktivieren, wenn sie Unterstützung benötigen. *(174)* Außerdem sind sie in der Lage, hinsichtlich ihrer Situation für Verständnis zu werben und dadurch andere Personen von ihren Ansichten zu überzeugen. *(1885; 1893)* Wie bereits an anderer Stelle erwähnt, gehört zu dieser Kategorie auch die Fähigkeit, sich offen auf Neues einlassen zu können und komplizierten Situationen humorvoll begegnen zu können.

Reagieren die Pflegeeltern in ihren Schilderungen auf eine andere Person, werden folgende soziale Kompetenzen sichtbar: Sie sind in der Lage, die Entscheidungen und persönlichen Grenzen anderer Menschen zu akzeptieren und diese zu berücksichtigen. *(1567)* Darüber hinaus scheint es den Pflegeeltern an einigen Stellen zu gelingen, auf die individuellen Schwierigkeiten anderer Personen verständnisvoll einzugehen.

Die Pflegeeltern verfügen über eine Reihe von *erzieherischen Kompetenzen*, die im folgenden Abschnitt systematisch vorgestellt werden. Dabei handelt es sich sowohl um allgemeine erzieherische Kompetenzen, als auch um solche, die vor dem Hintergrund spezifischer Herausforderungen von Pflegeverhältnissen besonders günstig zu sein scheinen. Eine Unterteilung erfolgt zusätzlich in jeweils zwei Stufen. Auf der ersten Stufe sind solche Kompetenzen zu finden, die den (Pflege-)Eltern im Rahmen von Erziehungsaufgaben dabei helfen, ein Verständnis für eine bestimmte Situation zu erlangen. Auf der zweiten Stufe werden hingegen jene Kompetenzen in den Blick genommen, die sich auf das direkte erzieherische Handeln bzw. den direkten Umgang zwischen (Pflege-)Eltern und (Pflege-)Kind beziehen.

Allgemeine Erziehungskompetenzen – Verständnis (Stufe 1)
Die Pflegeeltern halten es für notwendig, die Bedürfnisse aller Kinder in der Familie in den Mittelpunkt der elterlichen Aufmerksamkeit zu stellen und ihnen Priorität einzuräumen. Dieser Aspekt wird noch dadurch verstärkt, dass die Pflegeeltern beispielhaft beschreiben, dass es wichtig sei, die Sichtweisen, die Entscheidungen und das Handeln von Kindern und Jugendlichen wenn möglich zu akzeptieren und zu respektieren. *(291; 1208)* Aus den Schilderungen der Pflegeeltern wird außerdem deutlich, dass sie in der Lage sind, bestimmte Verhaltensweisen von Jugendlichen zu dechiffrieren und deren Ursprung ihrer aktuellen Entwicklungsphase während der Adoleszenz zuzuordnen. *(303)*

Allgemeine Erziehungskompetenzen – Handeln und Umgang (Stufe 2)
Aus den Erzählungen der Pflegeeltern wird deutlich, dass sie im Umgang mit ihren Kindern einige Handlungsmaximen entwickelt haben. Dazu gehört es für sie, dass die Interaktion zwischen Erwachsenen und Kindern, ebenso wie Entscheidungsprozesse der (Pflege-)Eltern gegenüber den (Pflege-)Kindern kindgerecht und nachvollziehbar gestaltet und erklärt werden müssen. *(1531; 2402; 2502)* Daneben wird von den Pflegeeltern die Bedeutung eines grundsätzlich geduldigen, konsequenten und wenn möglich humorvollen Umgangs mit den Kindern betont. Ein weiterer Aspekt bezieht sich auf die Notwendigkeit, (Pflege-)Kinder in die Selbstständigkeit entlassen zu können. Dies scheint den Pflegeeltern zwar nicht leicht zu fallen, wird von ihnen jedoch akzeptiert. *(1000)*

Spezifische Erziehungskompetenzen – Verständnis (Stufe 1)

Die Pflegeeltern beschreiben, wie wichtig es sei, das zum Teil seltsame oder auf den ersten Blick unverständliche Verhalten eines Pflegekindes dechiffrieren zu können, um als Folge eines besseren Verständnisses für dessen spezifische Situation elterliche Handlungsmöglichkeiten zu entwickeln. *(310)* Dabei wird deutlich, dass sich die Pflegeeltern darum bemühen, biographische Hintergründe des Pflegekindes zu rekonstruieren, um adäquat handeln zu können. *(2075)* Damit es den Pflegeeltern gelingen kann, über ein gewisses Maß an Berechenbarkeit im Alltagsleben zu verfügen, scheint es demnach hilfreich zu sein, die Angewohnheiten des Pflegekindes gut zu kennen.

Zwei weitere spezifische Aspekte beziehen sich auf die Behinderung des Pflegekindes. Neben der Fähigkeit, das Entwicklungspotential des Kindes realistisch einzuschätzen und es dementsprechend weder zu unter- noch zu überfordern, scheint es für das Normalitätserleben der Pflegekinder bedeutsam zu sein, dass die Pflegeeltern entwicklungsspezifische Erwartungen an sie richten, denen sie gerecht werden könen und müssen. *(1151)*

Spezifische Erziehungskompetenzen – Handeln und Umgang (Stufe 2)

Grundsätzlich wird deutlich, dass die Pflegeeltern versuchen, ihren Pflegekindern Schutz und Sicherheit innerhalb der Familie zu bieten. Dabei ist ihnen wichtig, die spezifischen Bedürfnisse ihres Pflegekindes in ihrem Handeln und in ihren Reaktionen zu berücksichtigen. *(80)* Darüber hinaus beschreiben die Pflegeeltern, wie es ihnen gelingt, die ambivalenten Gefühle der Pflegekinder zu kanalisieren. Zwei weitere wichtige Aspekte werden an dieser Stelle deutlich, obwohl sie sich nicht auf die aktuell in der Familie lebenden Pflegekinder beziehen. Die Pflegeeltern betonen zum einen, wie wichtig die Berücksichtigung der persönlichen Grenzen ihrer leiblichen Kinder sei, da sie diesen in gewisser Weise eine Reihe von Erlebnissen zugemutet hätten. *(1550)* Zum anderen lassen sich am Beispiel ihrer ersten Pflegetochter Bemühungen des Kontakthaltens erkennen, obwohl das Pflegeverhältnis bereits gescheitert war.[165]

---

[165] Zur Verdeutlichung des Punktes möchte ich auch an dieser Stelle eine Ausnahme von der sonstigen Systematik machen.

I: „Wissen Sie noch was von der [ersten Pflegetochter Anm. d. A.] *oder gar nix mehr?"*

PM: „Ja, doch. Also ich habe noch so, wir hatten anfangs einen ganz engen Kontakt noch gehabt, bis dann, wir haben ihr ganz klar gesagt, wenn sie es noch mal tut, dann werden wir den Kontakt abbrechen."

PV: „Wir sind sie jede Woche bis nach Trier Besuchen gefahren. Da war sie in psychiatrischer Behandlung. Wir haben aber auch klipp und klar gesagt, wenn du es noch mal machst, werden wir den Kontakt abbrechen. Sie wollte eine Therapie, der Psychologe da hat gemeint: ,Nein. Sie braucht keine.' Sie ist dann, sollte verlegt werden in ein Betreutes Wohnen, eine Jugendgruppe in ihrem Alter und auf der Tour hat sie sich das Gesicht aufgeschnitten."

PM: „Und wir haben gesagt: ,Nein, das ist, wir gehen kaputt dadran'."

PV: „Und da haben wir den Kontakt abgebrochen wie wir es also gesagt hatten. Das erste Mal, dass das Kind also Konsequenzen kennenlernt hat für ihre Taten."

PM: „Und das haben wir, habe ich irgendwann mal mit ihr noch mal telefoniert so sporadisch und dann hat sie gesagt, das wäre das Beste gewesen, was wir gemacht hätten." (2774)

Um den Bereich der intrapersonalen Ressourcen abzuschließen, werden nun die *sonstigen persönlichen Kompetenzen und Fähigkeiten* der Pflegeeltern vorgestellt. Hier lässt sich die grundsätzliche Fähigkeit verorten, die notwendig ist, um einen anderen Menschen pflegen zu können. Hinsichtlich des zum Teil enormen Versorgungsbedarfs der Pflegekinder mit Behinderungen und Erkrankungen, erhält man den Eindruck, diese emotionale und persönliche Eigenschaft müsse zu den grundlegenden Fähigkeiten der Pflegeeltern gezählt werden. *(621)* Ein weiterer wichtiger Aspekt bezieht sich auf die vielfältige persönliche Engagiertheit der Pflegeeltern für ihre Pflegekinder. Die Reichweite des Engagements lässt sich beispielsweise an der Bereitschaft zur körperlichen Arbeit, der Aufnahme von Schulden und dem mit der Betreuung verbundenen erheblichen zeitlichen Aufwand erkennen. *(1449; 956)* Ebenfalls hilfreich scheint die Fähigkeit zu sein, sich selbst nicht zu ernst nehmen zu müssen und sich stattdessen auch mal selbst auf den Arm nehmen zu können. *(1393)*

Zusammenfassend werden die Ressourcen der Pflegeeltern auf der intrapersonalen Ebene nun auf der folgenden Seite übersichtsartig dargestellt.

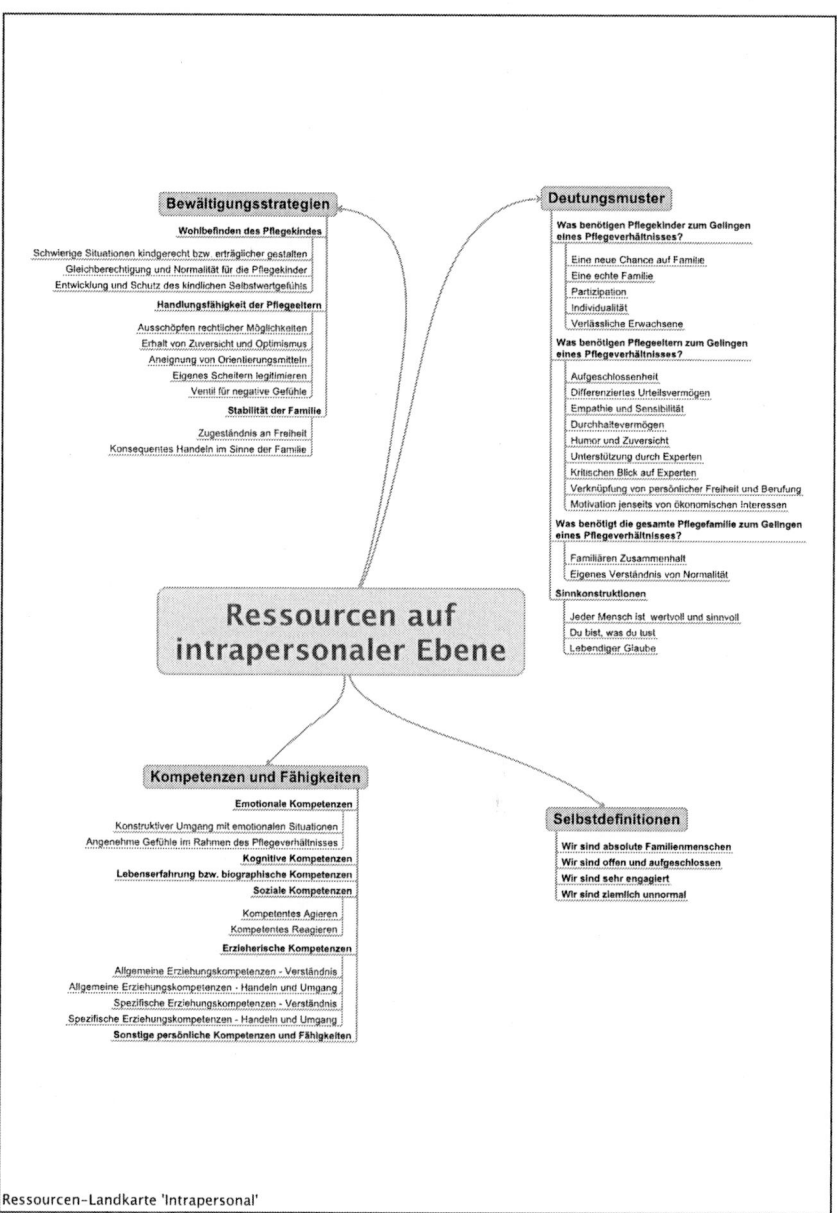

Bewältigungsstrategien

Wohlbefinden des Pflegekindes

Schwierige Situationen kindgerecht bzw. erträglicher gestalten
Gleichberechtigung und Normalität für die Pflegekinder
Entwicklung und Schutz des kindlichen Selbstwertgefühls

Handlungsfähigkeit der Pflegeeltern

Ausschöpfen rechtlicher Möglichkeiten
Erhalt von Zuversicht und Optimismus
Aneignung von Orientierungsmitteln
Eigenes Scheitern legitimieren
Ventil für negative Gefühle

Stabilität der Familie

Zugeständnis an Freiheit
Konsequentes Handeln im Sinne der Familie

Deutungsmuster

Was benötigen Pflegekinder zum Gelingen eines Pflegeverhältnisses?

Eine neue Chance auf Familie
Eine echte Familie
Partizipation
Individualität
Verlässliche Erwachsene

Was benötigen Pflegeeltern zum Gelingen eines Pflegeverhältnisses?

Aufgeschlossenheit
Differenziertes Urteilsvermögen
Empathie und Sensibilität
Durchhaltevermögen
Humor und Zuversicht
Unterstützung durch Experten
Kritischen Blick auf Experten
Verknüpfung von persönlicher Freiheit und Berufung
Motivation jenseits von ökonomischen Interessen

Was benötigt die gesamte Pflegefamilie zum Gelingen eines Pflegeverhältnisses?

Familiären Zusammenhalt
Eigenes Verständnis von Normalität

Sinnkonstruktionen

Jeder Mensch ist wertvoll und sinnvoll
Du bist, was du tust
Lebendiger Glaube

Ressourcen auf intrapersonaler Ebene

Kompetenzen und Fähigkeiten

Emotionale Kompetenzen

Konstruktiver Umgang mit emotionalen Situationen
Angenehme Gefühle im Rahmen des Pflegeverhältnisses

Kognitive Kompetenzen

Lebenserfahrung bzw. biographische Kompetenzen

Soziale Kompetenzen

Kompetentes Agieren
Kompetentes Reagieren

Erzieherische Kompetenzen

Allgemeine Erziehungskompetenzen - Verständnis
Allgemeine Erziehungskompetenzen - Handeln und Umgang
Spezifische Erziehungskompetenzen - Verständnis
Spezifische Erziehungskompetenzen - Handeln und Umgang

Sonstige persönliche Kompetenzen und Fähigkeiten

Selbstdefinitionen

Wir sind absolute Familienmenschen
Wir sind offen und aufgeschlossen
Wir sind sehr engagiert
Wir sind ziemlich unnormal

Ressourcen-Landkarte 'Intrapersonal'

3.3.2.2 Ressourcen im Lebensfeld

Als nächstes werden die von den Pflegeeltern beschriebenen Ressourcen vor-gestellt, deren Zuordnung auf der *Ebene des Lebensfeldes* erfolgt. Dabei wird zwischen den *Personen* und ihren jeweiligen Funktionen sowie dem *Setting*, in dem sich das Leben der Pflegeeltern abspielt, unterschieden.

Zunächst werden die in den Schilderungen der Pflegeeltern auftretenden **Personen** aufgeführt, die diese aus unterschiedlichen Gründen als Unterstützung wahrnehmen.
Die Pflegemutter betont an mehreren Stellen die für sie besondere Bedeutung des *Pflegevaters* innerhalb des Pflegeverhältnisses. Dabei scheint es ihr wichtig zu sein, dass sie mit ihrem Ehemann einen Partner hat, der sowohl im Alltag des Familienlebens als auch in Krisensituationen stabil und belastbar an ihrer Seite steht. Die Pflegemutter betont insbesondere für Krisensituationen, wie bedeutsam für sie die Verfügbarkeit und der intensive Austausch mit ihrem Partner ist.

> PM: „... der [Pflegevater; Anm. d. A.] war eben in Hannover und das ist ja nun mal doch eine Weile und die sind dann in dem Moment, wo die Suchmeldung kam, sind die in den Bus und gefahren. Aber es dauert ja nun mal von Hannover bis hier hin. Und dann immer wieder dieser Aus-tausch. Von mir zu ihm, von der Feuerwehr zu ihm, also und dann er zu meinen Kindern. Es war immer ein Austausch, ..." (403)

Darüber hinaus scheint sie davon beeindruckt zu sein, dass ihr Partner einen für sie erstaunlichen Entwicklungsprozess vollzogen hat. Eine in der Vergangenheit wesentliche Fokussierung auf den Beruf hat der Pflegevater zunehmend auf eine aktive Beteiligung am Familienleben verschoben *(1367; 1676)*. Als Folge seiner beruflichen Veränderung (Teilzeit) unterstreicht die Pflegemutter die intensive Unterstützung, die sie seitdem durch ihren Partner erhält.

> PM: „Und jetzt geht er so darin auf. Er kann sich stundenlang hinsetzen und Matheaufgaben erklären, wo ich ausflippen würde. Schon, weil ich da überhaupt nicht die Geduld hätte. Und er sitzt immer da und wieder von neuem und wieder erklären. Also der beste Erklärer auf der Welt ist er, ne?" (1387)

In mehreren Sequenzen wird außerdem deutlich, dass die Pflegemutter begeistert und fasziniert ist von den besonderen Verhaltensweisen des Pflegevaters.

> *PM: „Nina darf sich immer aussuchen mit wem sie ins Krankenhaus geht und er gewinnt immer. Er darf immer mit, weil er sagt nie: ,Leg dich doch mal hin und schlaf.' Ja? Das sage ich immer. ,So was doofes.' Und er macht immer Witze und fährt mit dem Rolli durch den Flur und fällt dann um. Das ist eben total egal, sich da zum Affen zu machen."*
> *PV: „Okay, ich mache mich nicht zum Affen, das meint ihr nur."*
> *PM: „Nein, nein, du machst dich für andere Menschen schon zum Affen."*
> *(1393)*
> *...*
> *PM: „Für dich ist das normal, aber für die anderen nicht. Aber sonst hätte ich ihn auch nicht gewollt."*
> *I: „Sonst hätten Sie ihn nicht gewollt?"*
> *PM: „Nein, so einen normalen Menschen wollte ich nicht. Ich wollte nur den hier. Ne?"* (1406)

In den Schilderungen beider Pflegeeltern wird deutlich, dass sie die Stabilität ihrer langjährigen Beziehung und die zwischen ihnen bestehende *partnerschaftliche Loyalität* als ein wichtiges Gut ihres Lebens im Allgemeinen sowie für ihre Tätigkeit als Pflegeeltern im Speziellen betrachten *(1482)*.
In einigen Sequenzen lässt sich erkennen, wie es den Pflegeeltern gelingt, in belastenden Situationen gegenseitig aufeinander aufzupassen.

> *PM: „Wir hatten dieses Jahr ganz viel Krankenhausaufenthalte, also Kerstin hat ja die große 16-Stunden-OP, dann kam Nina, dann kam Kerstin wieder und dann, wenn man dann einfach einen Krankenhauskoller hat, dann kommt der andere und sagt: ,So. Tauschen. Jetzt bist du mal dran.' Ne?"* (1643)

Die Pflegemutter beschreibt außerdem, dass sie durch die gemeinsam erlebten Notsituationen mit ihren Pflegekindern auch als Paar noch weiter zusammengewachsen seien.

> *PM: „Besser. Fester. Dadurch, dass du auch soviel zuhause bist und ich finde auch durch Kerstins Koma, dass wir ganz schön zusammen gehalten haben und dass wir gemerkt haben, dass wir auf so ne Notsituation, jetzt haben mir aber auch vorher schon viele Notsituationen [...] wir haben immer zusammengehalten."* (1676)

Innerhalb des gesamten Familiengefüges erleben die Pflegeeltern außerdem weitere *Familienmitglieder* als wichtige Unterstützung. Dazu lassen sich ihre leiblichen Kinder und die Pflegekinder selbst zählen. Hinsichtlich ihrer *leiblichen Kinder* ist für die Pflegeeltern wichtig, dass sie auch über den Auszug aus dem elterlichen Haus hinaus ein enges Verhältnis miteinander pflegen *(1506)*. Der Pflegevater betont, es sei für sie von Anfang an notwendig gewesen, dass ihre leiblichen Kinder die Entscheidung befürwortet hätten, ein Pflegeverhältnis zu beginnen.

> *I: „War das von Anfang an so, dass die drei Großen das irgendwie...?"*
> *PV: „Wir haben also gefragt, wie es aussehen würde, wir würden gerne Pflegekinder aufnehmen, ob sie damit einverstanden wären."*
> *PM: „Und auch behinderte, ne?"*
> *PV: „Schwerstbehinderte."*
> *PM: „Sonst hätten wir es nicht gemacht."*
> *PV: „Wenn einer ,Nein' gesagt hätte, hätten wir es nicht gemacht. Weil man kann also Pflegekinder nur dann aufnehmen, wenn die ganze Familie dahinter steht. Wenn einer in der Familie – auch wenn es nur ein kleines Kind ist – ,Nein' sagt, dann kann das nie zu einer Familie zusammenwachsen alles. Weil die einzelne Person, die dann dagegen ist, die wird auch immer versuchen Unruhe reinzubringen. Und deshalb sollte doch schon bei so Entscheidungen die ganze Familie hundertprozentig dahinter stehen." (1530)*

Im Laufe der Zeit seien die leiblichen Kinder immer bedeutsamer für das Zusammenleben mit den Pflegekindern und für die Übernahme konkreter Aufgaben innerhalb der Familie geworden. Die Pflegemutter weist darauf hin, dass sie insbesondere in akuten Krisensituationen mit der Unterstützung ihrer leiblichen Kinder rechnen kann.

> *PM: „Und jetzt, wo sie größer sind, wenn es eben bestimmte Tage gibt, dann müssen sie dann mit einspringen. Natürlich, ne? Oder eben auch mal zum Aufpassen, ne? Selten, also das machen wir eigentlich selten, aber da kann ich mich hundertprozentig drauf verlassen. Deshalb, also wir sind, als Familie muss man zusammenhalten, sonst geht es nicht." (1550)*

Darüber hinaus schätzt sie in solchen Phasen den intensiven Austausch mit ihren leiblichen Kindern. Die Pflegeeltern sind sich sicher, dass ihre leiblichen Kinder durch das Pflegeverhältnis reifer geworden sind und bezüglich ihrer eigenen Handlungsfähigkeit innerhalb schwieriger Lebenslagen viel gelernt haben.

> *PM: „Die sind höchstens reifer geworden."*
> *PV: „Sind reifer."*
> *PM: „Ja. Doch reifer sind die auf jeden Fall. Dadurch wie jetzt, wenn Notarztsituationen sind, wenn Kerstin Anfälle hat oder wo die solange krank war."*
> *PV: „Sie sind erfahrener geworden, sie wissen also genau, was bei Anfällen und sonstigen Sachen genau gemacht werden muss."*
> *PM: „Also wenn die mal später Kinder haben, wissen die wie sie sich so verhalten sollten in einer Notsituation." (1594)*

Auch die *Pflegekinder* selbst sowie ihre aktuelle Lebenssituation tauchen in den Schilderungen der Pflegeeltern als wichtige Ressource auf. Allgemein formuliert, kann man sagen, dass es für die Pflegeeltern von erheblicher Bedeutung ist, wenn es ihren Pflegekindern gut geht. Dazu gehören mehrere Aspekte, die sich auf das Wohlbefinden und die Zufriedenheit der Pflegekinder beziehen. Die aktuelle, gesundheitliche Verfassung der Pflegekinder spielt für die Pflegeeltern bei der Beurteilung einer Situation als angenehm oder belastend eine herausragende Rolle. Dabei erhält das physische und psychische Wohlbefinden sowie die Freiheit der Pflegekinder von körperlichen Schmerzen eine herausragende Bedeutung *(2166)*.

Auch der Umgang der Pflegeeltern mit dem Entwicklungspotential der Pflegekinder ist in diesem Zusammenhang zu nennen. Wie bereits an anderer Stelle angedeutet, versuchen die Pflegeeltern die Pflegekinder vor (eigenen) übertriebenen Entwicklungserwartungen zu schützen. Im folgenden Beispiel scheinen sie dadurch eine realistische Entwicklungsperspektive entwickeln zu können:

> *PV: „Also wir sagen, es war wunderbar wie Kerstin im Kindergarten angemeldet wurde: Was wir für Erwartungen hätten, was die Kerstin bis nächstes Jahr kann? Wir haben gar keine Erwartungen. Wir sind froh. Was sie kann, kann sie und das reicht. Nicht irgendwelche Maßstäbe denken, wie der Kindergarten das gerne gehabt hätte, was wir für Ideen haben. Was soll die jetzt in dem Jahr können?"*
> *PM: „Das Seepferchen."[166]*

---

[166] Das „Seepferdchen" ist ein Schwimmabzeichen für Schwimmanfänger.

I: „Haben Sie ‚Seepferdchen' gesagt?"
PM: „Ja! ‚Seepferdchen' habe ich gesagt. – Total bescheuert."
(alle lachen)
PM: „Ich fand das so-, ich bin so froh, dass sie jetzt seit April ‚Mama' sagt. Ich habe gar nix –, was soll ich denn da erwarten? Soll ich jetzt sagen ‚Kerstin kann nächstes Jahr laufen.' Das ist doch utopisch. Die soll einfach Spaß haben. Sich freuen."
PV: „Glücklich sein."

Die Pflegeeltern freuen sich über erfolgreiche und ermutigende Entwicklungsschritte ihrer Pflegekinder. Dabei geht es zum einen um körperliche Entwicklungsprozesse im Hinblick auf die organische Funktionalität, Nahrungsaufnahme, Mobilität, etc. *(1929)*. Zum anderen geht es um psychosoziale Reifungsprozesse, wie etwa die Steigerung des Sicherheitsgefühls der Pflegetochter oder deren verbesserter Fähigkeit zur Äußerung von Gefühlen, Bedürfnissen oder auch kontroversen Ansichten.

> *PM: „So dass Nina jetzt, in dem Alter wie sie jetzt ist, beziehungsweise über die sieben Jahre Arbeit, die wir hatten, sich sehr sicher fühlt. Also mittlerweile traut sie sich, mich anzumotzen und ihre Pubertät auszuleben, ne?" (303)*

Für die Pflegeeltern scheint es ebenfalls sehr befriedigend zu sein, wenn ihre Pflegekinder Freude und Spaß haben und mit ihrer Lebenssituation zufrieden sind. An dieser Stelle ist es für die Pflegeeltern möglicherweise angenehm, wenn die Pflegekinder keinen Loyalitätskonflikt (mehr) erleben oder diesen zugunsten der Pflegeeltern bereits geklärt haben *(210)*. Einen Hinweis darauf gibt folgende Sequenz:

> *PM: „Sie weiß, wie es vorher war und sie weiß wie es heute ist. Und sie ist, wenn sie, wenn ein Spruch kommt, der heißt: ‚Ich bin froh, dass ich verbrannt bin, sonst wäre ich nicht bei euch.' Was will ich dann noch mehr hören, ne?"*
> *PV: „Sie sieht ihren Unfall nicht als Unfall, sondern als Glück."*
> *PM: „Und so kommt sie auch gut durch die Welt." (1741)*

Darüber hinaus scheint es für die Pflegemutter wichtig zu sein, dass ihre Zuneigung und Liebe von den Pflegekindern erwidert wird.

PM: „Ich fühle mich also sehr sicher und Nina fühlt sich sehr sicher. So dass ich jetzt weiß, die können mir nicht viel nehmen. Ja, also die Liebe von Nina ist uns hundertprozentig sicher. (204)

Einen auf den ersten Blick irritierenden Hinweis auf eine weitere Ressource der Pflegemutter, bezogen auf ihre jüngere Pflegetochter Kerstin, lässt sich in der folgenden Sequenz finden:

PM: „Ich habe ein geistig behindertes Kind. Und ich würde kein anderes mehr, also ich liebe Nina mit ihrer Behinderung um Gottes Willen, aber die hundertprozentige Erfüllung hat mir Kerstin gegeben. Weil Kerstin so klein bleibt. Hört sich doof an, ne? Aber Nina ist..."
I: „Nein, aber ich muss nur noch kapieren so..."
PM: „Ich sage Nina ist klein und ist groß geworden, dreizehn und ist groß und wird groß. Kerstin ist drei, wird älter, aber nicht größer. Verstehen Sie? Von der Reife her. Sie braucht mich immer noch. Sie ist drei und braucht mich noch wie ein Baby. Ja, sie ist, sie ist sechs und wird mich immer noch wie ein Baby brauchen. Sie ist nichts ohne mich und ich nichts ohne sie. Ja, also sie bleibt immer ganz klein. Nina geht aus dem Haus. Nina wird erwachsen. Nina ist reif und geht und braucht mich irgendwann nicht mehr. Ich bin zwar ihre Mama und sie wird immer kommen, aber sie brauch mich nicht mehr. Kerstin wird mich immer brauchen. Und... Finde ich schön. Finde ich wirklich schön." (600)

An dieser Stelle wird deutlich, dass das Pflegeverhältnis für die Pflegemutter kein uneigennütziges Projekt ist, sondern dass sie dadurch – auch wenn sie findet, dass sich dies für eine andere und fremde Person komisch anhören muss – möglicherweise auch eigene spezielle Bedürfnisse befriedigt.

Hinsichtlich der personenbezogenen Ressourcen innerhalb der Familie der Pflegeeltern bleibt noch anzumerken, wer an dieser Stelle in den Schilderungen der Pflegeeltern keine Bedeutung hat. Die eigenen Eltern sind bereits verstorben und stehen daher als unterstützende Kräfte nicht zur Verfügung. Die eigenen Geschwister („Pflegetante" und „Pflegeonkel") oder andere Verwandte der Pflegeeltern werden nicht als Unterstützung erlebt.

Hinsichtlich der *leiblichen Familienmitglieder der beiden Pflegekinder* sind die Aussagen der Pflegeeltern sehr unterschiedlich. So wird mit Blick auf die *leibliche Mutter* der älteren Pflegetochter lediglich aufgrund des Wegfalls einer zuvor bestehenden Belastung eine Ressourcenquelle deutlich: Die Pflegeeltern sind glücklich darüber, dass die leibliche Mutter den Kontaktabbruch ihrer Tochter akzeptiert und dadurch keine weiteren Besuchskontakte mehr mit ihr anstehen *(442)*.

Die leibliche Mutter der jüngeren Pflegetochter wird von den Pflegeeltern eher neutral wahrgenommen. Der regelmäßige Umgang mit ihr wird durch die Einschätzung der Pflegeeltern erleichtert, dass sie zwar in ihrer Elternrolle überfordert, sie aber dennoch lieb und nett sei. Darüber hinaus hegen die Pflegeeltern gegenüber der leiblichen Mutter ihrer jüngeren Pflegetochter im Hinblick auf Vernachlässigungen oder Misshandlungen keinen Verdacht.

> **PM**: *„Aber das ist ein ganz anderer Fall. Das ist eine nette Frau, eine liebe Frau. Dumme Frau. Ja, einfach, weil sie es nicht kann. Also ist jetzt nicht, dass die Kerstin nicht haben darf, weil sie so böse ist, wie jetzt die Mutter von Nina, sondern einfach, weil sie es rein intellektuell nicht schaffen würde."* (450)

Der an dieser Stelle entscheidende Unterschied zwischen den beiden leiblichen Müttern der Pflegetöchter scheint daher in der Beurteilung der Pflegeeltern zu liegen: Die eine hat dem Kind aktiv und bewusst geschadet und ist deshalb zu verachten und die andere konnte sich nicht hinreichend um das Kind kümmern und benötigt unsere Hilfe.

Der leibliche Vater der jüngeren Pflegetochter ist den Pflegeeltern unbekannt und spielt daher hier keine Rolle. Im Gegensatz dazu taucht der *leibliche Vater* der älteren Pflegetochter als Ressource in den Erzählungen der Pflegeeltern auf. Er war während einer recht kurzen Phase eine wichtige Informationsquelle für seine Tochter und konnte einige ihrer Fragen hinsichtlich ihrer frühen Biographie beantworten.

> **PV**: *„Oder wer hat den Namen jetzt ausgesucht? Nina war das sehr wichtig, dass sie wusste, wer hat meinen Namen ausgesucht und wer hat die Nabelschnur durchgeschnitten. Und für so Sachen ist das schön, wenn man noch Verbindungen-, die leiblichen Eltern die Verbindung zu ihren Kindern noch wollen."*
> **PM**: *„Vor allen Dingen aber auch eine Person, der ich glauben kann. Also ihm habe ich auch geglaubt."* (1191)

Darüber hinaus beschreiben die Pflegeeltern auch die Besuchskontakte mit dem leiblichen Vater als sehr angenehm. Dabei wird beispielsweise deutlich, dass sich die Pflegeeltern und der leibliche Vater geduzt haben und die Kontakte – anders als sonst für die Pflegefamilie üblich – nicht auf neutralem Boden, sondern im Haus der Pflegefamilie stattgefunden haben *(218)*.

> *PM: „Die Besuchskontakte waren wirklich super. Also den Besuchskontakt hätte ich auch wirklich gerne weiter gemacht. Also das ist ein Wunder, dass wir den gemacht haben ohne Begleitung. Das heißt eigentlich viel. Müssen wir ihn schon sehr gemocht haben." (1176)*

Auch wenn die Pflegeeltern resümierend festhalten, über den erneuten Kontaktabbruch zwischen Nina und ihrem leiblichen Vater enttäuscht zu sein, betonen sie, dass er ein netter Mensch sei.

Weitere leibliche Familienangehörige der Pflegekinder, wie etwa die Geschwister und Halbgeschwister der Pflegekinder, lassen sich nach den Schilderungen der Pflegeeltern an dieser Stelle nicht zuordnen.

Jenseits des privaten Umfeldes der Pflegeeltern spielen noch *Akteure professioneller Institutionen und Systeme* eine entscheidende Rolle als Ressource der Pflegefamilie.
Besonders von den Pflegeeltern hervorgehoben wird die zuständige *Mitarbeiterin des begleitenden sozialen Fachdienstes.* Durch sie wird nach dem Eindruck der Pflegeeltern ein ganzes Paket an Ressourcen für die Pflegefamilie zugänglich. Dabei betonen die Pflegeeltern die verschiedenen Aspekte der Unterstützung, die ich nun darstellen werde. Eine gesonderte Akzentuierung erhält dabei die Begleitung von Besuchskontakten mit den leiblichen Eltern der Pflegekinder *(2433)*.

> *PM: „Wir haben immer begleitete Kontakte mit der Frau Simon zusammen. Zum Vater hatten wir nachher keine begleiteten mehr, weil es so gut geklappt hat. Aber wie ich dann gemerkt habe, wir kommen nicht weiter, haben wir nach Hilfe geschrieen. Ja, so dass sie zu diesem klärenden Gespräch, wo Nina geladen hat, dann auch wieder anwesend war. Das klappt also sehr gut." (170)*

Außerdem wird die zuständige Mitarbeiterin auch im übrigen Verlauf als kontinuierliche Begleiterin des gesamten Pflegeverhältnisses wahrgenommen und sogar als Lebensretterin von Kerstin benannt *(2272)*.

PM: „Sie haben nicht festgestellt, dass sie Hirndruck hatte. Sie hat immer weiter gekrampft, hat zweieinhalb Stunden gekrampft, wurde künstlich ins Koma gelegt, die hat aspiriert, hat daraufhin eine Lungenentzündung bekommen, lag viereinhalb Wochen im Koma. Siebeneinhalb auf Intensiv. Ohne Frau Simon wäre Kerstin nicht am Leben, weil die Ärzte sie eigentlich sterben lassen wollten. Weil dieses Kind ist ja behindert. Ja, welch große Überraschung, wusste ich noch gar nicht. Wo ich wirklich gekämpft habe Kerstin aus dem Krankenhaus zu kriegen. Irgendwann mal, weil ich kein Sorgerecht hatte im medizinischen Bereich. Wo wir sie dann rausbekommen haben..." (664)

Dabei ist sie nach dem Eindruck der Pflegeeltern besonders wichtig als Orientierungshilfe auf (bisher) unbekanntem Terrain *(2372)*, sie fungiert als Puffer zwischen den Pflegeeltern und anderen Personen und Institutionen (Herkunftseltern, Jugendamt, Krankenhaus, Kindergarten) *(2000, 2178, 2272, 2279, 2433)* und sie übernimmt unmittelbare pädagogische Aufgaben, wie beispielsweise im Rahmen der Biographiearbeit mit den Pflegekindern.

PM: „Also die arbeiten hier auch, die Frau Simon hat unheimlich viel Biographiearbeit gemacht mit uns zusammen. Ich habe auch manche Sachen gerne, dass Nina die allein mit der Frau Simon macht, weil ich dann Angst habe, dass es nach außen so aussieht, als würde ich Nina Sachen in den Mund legen. Das möchte ich nämlich auch nicht haben." (2567)

Diese Palette an Unterstützungsmerkmalen führt in der Kombination mit einem sehr hohen Maß an Kontinuität innerhalb der Betreuung und einer nahezu grenzenlosen Verfügbarkeit der Mitarbeiterin in akuten Krisensituationen zu einem äußerst stabilen Vertrauensverhältnis zwischen den Pflegeeltern und der zuständigen Mitarbeiterin.

PM: „...und deshalb finde ich es auch wichtig, wie die Frau Simon kommt ja alle vier Wochen, alle sechs Wochen, ne? Das ist so regelmäßig, dass die dazu gehört."
PV: „Sie ist keine Fremde." (2581)
...

PM: „Also wenn es um meine Kinder geht, sind die [MitarbeiterInnen des sozialen Fachdienstes; Anm. d. A.] -, ich kann die auch immer aufrufen. Ich habe die schon nachts angerufen. In ihrem Urlaub. Die kommt sonntags vorbei, wenn ich Hilfe brauche." (3128)

Die Pflegeeltern sind begeistert von dem hohen Engagement und den berufs-ethischen Idealen der Mitarbeiterin. In der folgenden Sequenz wird sie vom Pflegevater sogar als Teil der Familie beschrieben *(3125)*:

> *PV: „Sie ist keine Fremde. Sie ist ein Teil von der Familie in den Jahren geworden."*
> *PM: „Richtig. Und einer vertrauten Person, wie einer Frau Simon, die so oft kommt oder einem Jugendamtsmitarbeiter, der vielleicht einmal im Jahr kommt, kann ich doch ganz anders mit umgehen. Der kann ich doch ganz anders Fragen beantworten. Also so empfinde ich es auf jeden Fall." (2588)*

Außerdem wird eine Reihe von besonders wichtigen Personen genannt, die in der Gruppe des *medizinischen Personals* aufgeführt werden. Dabei handelt es sich in erster Linie um *Ärzte und Ärztinnen* und *Krankenpflegekräfte*, die sich nach dem Eindruck der Pflegeeltern durch einige spezifische Aspekte auszeich-nen. Ärzte und Ärztinnen, bei denen sich die Pflegeeltern gut aufgehoben füh-len, zeichnen sich dadurch aus, dass sie in flachen Hierarchien einen persönli-chen Umgang mit ihren Patienten sowie deren Angehörigen pflegen.

> *PM: „Ja und man geht da durch und da kommen die Krankenschwestern, die sagen: ‚Ach, hallo Kerstin. Bist du wieder hier?' Das ist schön, ne?"*
> *PV: „Du bist drei Monate oder vier Monate nicht im Haus gewesen, du stehst im Aufzug, ein Arzt kommt rein und dann sagt der: ‚Ach, hallo Ker-stinchen, wie gehts dir?'"*
> *PM: „Der aber auch uns kennt mit Namen. Seidel. Und nicht Herr Saran-takos oder Frau Sarantakos, nur weil das Kind Sarantakos heißt. Sondern die uns kennen und den Namen des Kindes kennen. Das hört sich schon, hört sich doof an, aber es ist schon fast ein bisschen, wie zuhause."*
> *PV: „Wo man also dann nicht wirklich das Gefühl manchmal hat, ich bin im Krankenhaus, weil die Ärzte wissen, das ist ein Patient von mir, der kommt wohl nur alle drei Monat zur Routineuntersuchung, aber er kennt den Namen. Ohne, dass er vorher irgendwo mal eine Krankenakte in der Hand halten muss, weil ich gegenüber sitze. Dass er weiß, wie ich heiße." (2196)*
> ...
> *PM: „Oder wir haben einen Hausarzt, der hat keinen Doktortitel davor. Denn der hat noch nicht mal einen Nachnamen. Da duzt den jeder. Der braucht das gar nicht. Die müssen gar nicht diesen Titel haben, um sich wichtig zu fühlen und gut zu sein. Und das find ich schön." (2247)*

Daneben scheinen für die Pflegeeltern ermutigende, anerkennende und wertschätzende Aussagen aus dieser Berufsgruppe von besonderer Bedeutung sein.

> **PM:** *„Ja, und die eben auch immer die Fortschritte sehen wieder. ‚Oh Mensch, hat das Kind sich toll gemacht.‘ Die ganz klar sagen: ‚Dieses Kind wird Laufen lernen. Dem traue ich mittlerweile alles zu.‘ Ja und da fühle ich mich dann auch gut aufgehoben, wenn ich mal sehe, Mensch, hier sieht ja einer mal, wie toll es ist. Die auch sagen: ‚Boah, was seid ihr tolle Eltern.‘"* (2186)

Außerdem haben die Pflegeeltern im Laufe der Zeit weitere Kriterien für die Auswahl von Ärztinnen und Ärzten für die medizinische Versorgung ihrer Pflegekinder entwickelt. Entscheidend sei, dass diese in multiprofessionelle Teams eingebunden seien und die Grenzen ihrer eigenen Kompetenzen und Fähigkeiten akzeptieren könnten.

> **PM:** *„... dann kommen die hin und machen diese riesengroße OP bei Kerstin. Dann gehen die hin und holen F-Stadt dazu und holen M-Stadt dazu. Also das ist doch eine Sache, wo ich sage: ‚Boah, klasse!‘ Das sind Leute, wirklich die Ahnung haben, die aber auch nicht auf das Geratewohl operieren, sondern die sagen: ‚So was, was Kerstin hat, gibt es fast nicht in Deutschland. Das gibt es in Afrika viel. Da gibt es wenig Erfahrung. Wenn es aber einer kann, dann ist es der Arzt in F-Stadt.‘ Ja, die dann sagen: ‚Wir operieren trotzdem nicht auf das Geratewohl. Wir probieren, wir lassen einen Kopf anfertigen, wo wir Operationen dran üben.‘ Wo ich dann das Gefühl habe, hier fühle ich mich sicher. Hier wird einfach auch mitgedacht und nicht nur auf das Geratewohl. Und was glauben Sie, was wir eine Aufklärung hatten. Wo Frau Simon mitunterschreiben musste. Wo wir Anträge auf dem Amtsgericht gestellt haben. Also wirklich hundertprozentig abgesichert."* (2170)

Der Pflegevater beschreibt in der folgenden Sequenz, woran er einen guten von einem schlechten Arzt unterscheiden könne:

> **PV:** *„Weil inzwischen wissen wir, man kann ganz einfach gute Ärzte erkennen. Gute Ärzte sind die Ärzte, die sagen: ‚Das kann ich auch machen, aber der Arzt da und da ist besser.‘ Das sind gute Ärzte, weil die wissen genau, die sind so gut, wir können weiter schicken, der Patient kommt aber wieder. Ich sage Ärzte, die sich sträuben einen anderen Arzt um Rat zu fragen oder sagen: ‚Pass mal auf. In dieser Situation ist der besser.‘*

Wenn ein Arzt sich das nicht traut, den weiterzuschicken, dann weiß der Arzt selbst: ‚Ich bin nicht sehr gut, ich habe Angst, dass ich den Patienten verliere.'" (2120)

Hinsichtlich der Krankenpflegekräfte eines Krankenhauses berichten die Pflegeeltern ebenfalls, dass ihnen in Situationen, in denen eines der Pflegekinder eine intensive medizinische Versorgung benötigt, der persönliche Umgang besonders wichtig sei *(2196).*
Daneben wird deutlich, dass die Pflegeeltern teilweise selbst irritiert sind, aufgrund ihres Pflegeelternstatus zumeist ein hohes Ansehen unter den Krankenschwestern und Krankenpflegern zu genießen.

> *PV: „Wo man also klipp und klar merkt dann, wenn sie dann erfahren, dass wir die Pflegeeltern sind, dann kriege ich alles von denen. Vorher kriegst du fast noch nicht mal ein Glas Wasser gebracht von den Krankenschwestern – nach dem Motto: ‚Regt euch doch nicht auf. Was habt ihr denn mit dem Kind gemacht?' Und wenn sie dann irgendwie mitkriegen, wir sind die Pflegeeltern, dann kriegst du fast jeden Wunsch abgelesen." (2282)*

MitarbeiterInnen des Jugendamtes sowie *MitarbeiterInnen des Kindergartens* tauchen hinsichtlich ihres Unterstützungspotentials sehr vereinzelt auf. Die Pflegemutter schildert an einer Stelle ein langfristiges und enges Verhältnis zu ihrer früheren Mitarbeiterin des Jugendamtes, das nach wie vor anhält. Eine Erzieherin aus dem Kindergarten – mit dem die Pflegeeltern insgesamt sehr zufrieden sind – wird hervorgehoben, weil die jüngste Pflegetochter sie besonders gerne mag. LehrerInnen der Pflegekinder werden von den Pflegeeltern nicht erwähnt.

Die Pflegeeltern schildern in einigen Sequenzen, dass ihnen eine Reihe von Personen aus *weiteren Berufsgruppen* hilfreiche Dienste geleistet haben. Dazu gehören:

- ein Rehabilitationsberater *(Unterstützung bei Mobilisierung der jüngsten Pflegetochter unterstützt: 1921)*
- eine Apothekerin *(Unterstützung beim Einkaufen von Medikamenten: 851)*
- MitarbeiterInnen von Polizei und Feuerwehr *(Unterstützung bei Suchaktion: 315)*
- ein Anwalt *(Unterstützung im Kampf um Kostenübernahme: 1939)*

- ein Mitglied des Deutschen Bundestages *(Unterstützung als Interessenvertretung gegenüber dem zuständigen Landschaftsverband: 1876).*

Einige wenige Erzählsequenzen beziehen sich auf *sonstige Personen* aus dem Privatfeld der Pflegeeltern, die sie als unterstützend kennzeichnen. Diese lassen sich im *Freundeskreis*, innerhalb einer *Interessengemeinschaft* von Pflegeeltern sowie unter den *Nachbarn und der Dorfgemeinschaft* einordnen. Das folgende Beispiel bezieht sich auf die enorme Unterstützung bei der erfolgreichen Suchaktion nach der ältesten Pflegetochter:

> *PM: „Wir haben uns gefreut, es war Wahnsinn. Das ganze Dorf, das ganze Dorf hat Nina gesucht. Das war wunderschön zu erleben, wie schön sie hier im Dorf angenommen ist. Wie schön der Zusammenhalt des Dorfes ist, es ist einfach, ja, es war klasse."* (383)

Die Pflegemutter berichtet außerdem von einer weiteren bedeutungsvollen Unterstützung, die sie innerhalb eines Internetforums und damit im Rahmen von *virtuellen Kontakten* findet *(3159).*[167]

Hinsichtlich des **Settings** der Pflegefamilie sollen drei weitere Kategorien von Ressourcen festgehalten werden. Aus den Schilderungen der Pflegeeltern wird deutlich, dass sie mit ihrer *Wohnsituation* (Eigenheim mit Garten) nicht nur zufrieden, sondern hinsichtlich der für die jüngste Pflegetochter notwendigen Umbaumaßnahmen auch stolz sind auf das, was sie geleistet haben.

> *PM: „Und dann hat der* [Blindenfrühförderer; Anm. d. A.] *ausgemessen und der war-, das Wohnzimmer war ganz falsch beleuchtet. Also haben wir die ganze Decke rausgerissen und haben alles neue Lampen hier rein."*
> *PV: „Eine hellere Decke rein, Lampen rein, das wir es auch hell genug für die Kerstin kriegen. Wie wir da dran waren, da haben wir gesagt: ‚Okay,'* – *da hatten wir zwei Stufen runtergehabt, ist ja auch immer blöd runter zu fahren* – *‚Dann machen mir die auch noch weg. Dann machen wir da eine Rampe hin.' Über die Sache ist dann der ganze Boden gekommen."* (1116)

---

[167] vgl. Jespersen 2011 (vgl. Kapitel 4.1.9).

An einer weiteren Stelle lässt sich ableiten, dass auch die ältere Pflegetochter ihr eigenes Zimmer sehr gerne mag.

> *PM: „Mit dem Vater haben wir zwar auch hier* [Besuchskontakte; Anm. d. A.] *gemacht, aber auf Wunsch von Nina. Sie hat das bestimmt, ne? Wir haben sie gefragt, wir haben anfangs auch..."*
> *PV: „Sie wollte auch gerne dem Vater das Zimmer zeigen und was sie auch alles hat."*
> *PM: „Ja, sie hat schon ganz schön angegeben damit, ne?"* (2420)

Auch wenn der Pflegevater davon berichtet, er habe hart für bestimmte berufliche Veränderungen kämpfen müssen, lassen sich aus seinen Schilderungen auch Unterstützungsmerkmale auf Seiten seines *Berufsfeldes* ableiten. Dazu gehört neben einer gewissen Flexibilität und Experimentierfreude des Arbeitgebers auch die Fähigkeit, Synergieeffekte für beide Seiten (win-win-Situation für Arbeitnehmer und Arbeitgeber) herzustellen.

> *PV: „Ich sage immer, wenn man der Erste irgendwo ist, ist es schwierig."*
> *I: „Wie meinen Sie ‚der Erste'?"*
> *PV: „Ich bin bei uns in der Firma der erste Mann, der das macht. Im Büro, die Bürodamen haben wir mehr, die fünfzig Prozent nur arbeiten. Aber gerade im Handwerk, am Baubereich oder so drinnen war das was Neues. Und dadurch war das am Anfang ein bisschen schwierig. Weil die Firma hat sich also am Anfang wirklich ein bisschen gesträubt. Musste schon ein bisschen gekämpft werden von mir aus, damit wir es hinkriegen."*
> *I: „Können Sie das ein bisschen beschreiben? Was das für Konflikte dann waren, die Sie da..."*
> *PV: „Ach, dass sie es nicht wollten. Für halbtags hätten sie keine Arbeit für mich. Und dann auch nahegelegt, vielleicht was anderes zu suchen. Aber das wollte ich ja nicht. Wollte ja in der Firma gerne bleiben. So in diese Art ging das. Und dann hieß es: ‚Ja, wir probieren es mal.' Und dann ist das eine Zeit lang ausprobiert worden. Dann haben sie aber auch bemerkt, dass es doch günstiger ist, weil gerade in dieser Zeit hatten wir dann auch gerade mal wieder so eine Woche, wo unheimlich viel angefallen ist. Und da haben sie dann bemerkt: ‚Oh, dann haben wir ja sofort einen Mann, der da ist.' Und wie jetzt um die Zeit, fängt es an, da wird es auf jeden Fall weniger. Da mache ich dann auch mal Urlaub, den ich das ganze Jahr nicht nehmen brauchte oder konnte. Weil ich den nicht brauchte. Ich versuche immer Urlaub aufzuheben, für den Fall, dass ei-*

nes der Kinder überraschend in ein Krankenhaus kommt. Dass ich dann
also Urlaub machen könnte, wenn ich meine Arbeitswoche hätte. Und
dadurch haben sie also dann doch gesehen, es funktioniert. Und ich habe
auch Vorteile davon." (1305)

Als weitere Ressource wird der Hund der Familie genannt. Er wird von den
Pflegeeltern hauptsächlich in seiner Funktion als Freund und Spielgefährte für
die Kinder und als Warnsystem dargestellt.[168]

> **PM**: *„Für die Kinder ist das toll. Ja. Vor allen Dingen, er ist ja nun wirklich*
> *ein Kinderhund, ne? Und absolut lieb und brav und er ist auch oft-, Ker-*
> *stin hat einen Monitor. Einen Überwachungsmonitor. Und wenn der*
> *Alarm schlägt, dann rennt der Hund als Erster. Wir haben auch oben im*
> *Kinderzimmer Leckerli stehen, ne? Jedes Mal, wenn der piepst, er rennt*
> *hoch, kriegt Hund Leckerli. Ich glaube, die zwei haben irgendwie ein Ab-*
> *kommen. Kerstin und Hund, ne? Dass er ja viele Leckerlis kriegt, ne?"*
> **PV**: *„Deshalb verstehen die zwei sich auch."* (924)

Zusammenfassend werden die Ressourcen der Pflegeeltern auf der Ebene des
Lebensfeldes nun auf der folgenden Seite übersichtsartig darstellt.

---

[168] In den Schilderungen von Kindern haben *Haustiere* häufig eine größere Bedeutung
und müssten eher unter der Überschrift „Familienmitglied" eingeordnet werden. Ohne
damit dessen positive Bedeutung für die Pflegefamilie zu schmälern, wird der Hund an
dieser Stelle aufgrund der Schilderungen der Pflegeeltern als lebendige Requisite innerhalb des familiären Lebensfeldes betrachtet.

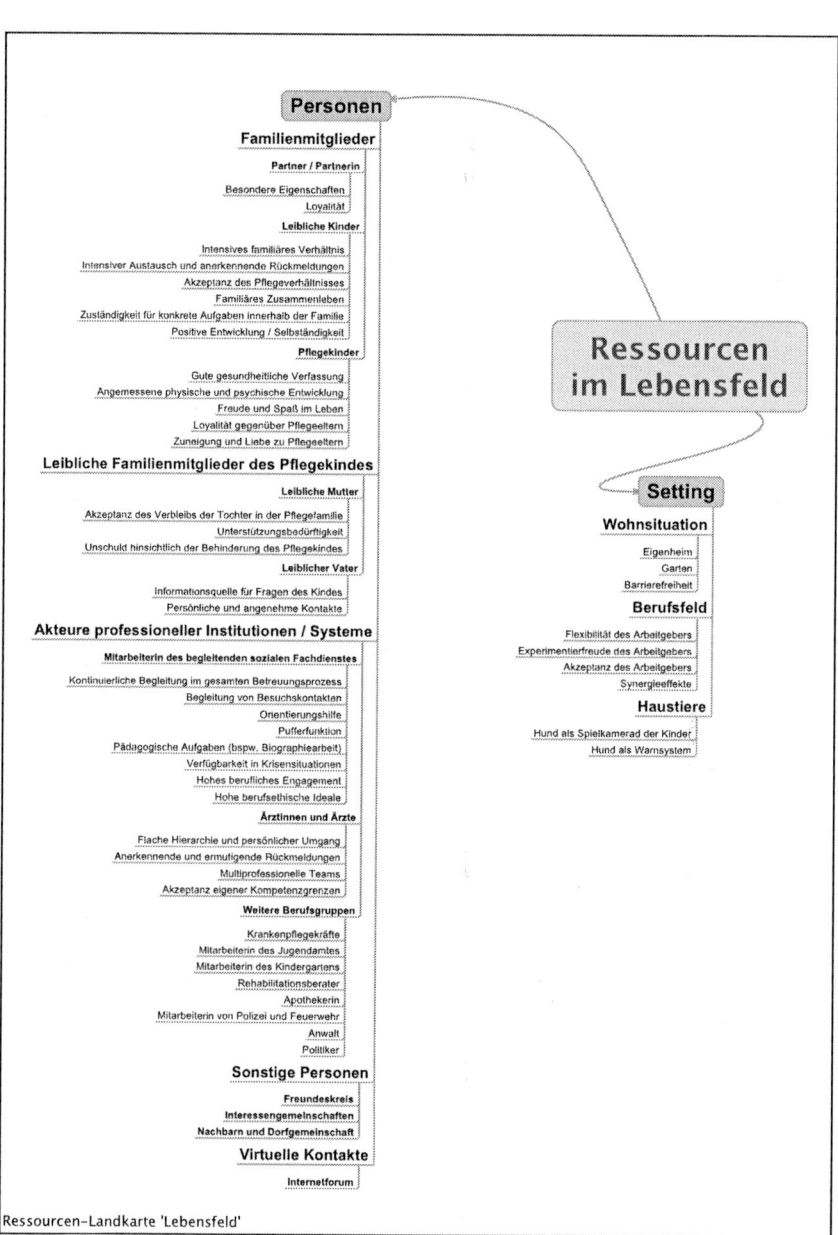

Personen

Familienmitglieder

Partner / Partnerin
Besondere Eigenschaften
Loyalität

Leibliche Kinder
Intensives familiäres Verhältnis
Intensiver Austausch und anerkennende Rückmeldungen
Akzeptanz des Pflegeverhältnisses
Familiäres Zusammenleben
Zuständigkeit für konkrete Aufgaben innerhalb der Familie
Positive Entwicklung / Selbständigkeit

Pflegekinder
Gute gesundheitliche Verfassung
Angemessene physische und psychische Entwicklung
Freude und Spaß im Leben
Loyalität gegenüber Pflegeeltern
Zuneigung und Liebe zu Pflegeeltern

Leibliche Familienmitglieder des Pflegekindes

Leibliche Mutter
Akzeptanz des Verbleibs der Tochter in der Pflegefamilie
Unterstützungsbedürftigkeit
Unschuld hinsichtlich der Behinderung des Pflegekindes

Leiblicher Vater
Informationsquelle für Fragen des Kindes
Persönliche und angenehme Kontakte

Akteure professioneller Institutionen / Systeme

Mitarbeiterin des begleitenden sozialen Fachdienstes
Kontinuierliche Begleitung im gesamten Betreuungsprozess
Begleitung von Besuchskontakten
Orientierungshilfe
Pufferfunktion
Pädagogische Aufgaben (bspw. Biographiearbeit)
Verfügbarkeit in Krisensituationen
Hohes berufliches Engagement
Hohe berufsethische Ideale

Ärztinnen und Ärzte
Flache Hierarchie und persönlicher Umgang
Anerkennende und ermutigende Rückmeldungen
Multiprofessionelle Teams
Akzeptanz eigener Kompetenzgrenzen

Weitere Berufsgruppen
Krankenpflegekräfte
Mitarbeiterin des Jugendamtes
Mitarbeiterin des Kindergartens
Rehabilitationsberater
Apothekerin
Mitarbeiterin von Polizei und Feuerwehr
Anwalt
Politiker

Sonstige Personen

Freundeskreis
Interessengemeinschaften
Nachbarn und Dorfgemeinschaft

Virtuelle Kontakte

Internetforum

Ressourcen im Lebensfeld

Setting

Wohnsituation
Eigenheim
Garten
Barrierefreiheit

Berufsfeld
Flexibilität des Arbeitgebers
Experimentierfreude des Arbeitgebers
Akzeptanz des Arbeitgebers
Synergieeffekte

Haustiere
Hund als Spielkamerad der Kinder
Hund als Warnsystem

Ressourcen-Landkarte 'Lebensfeld'

3.3.2.3 Ressourcen im gesellschaftlichen Kontext

Abschließend werden die von den Pflegeeltern beschriebenen Ressourcen dargestellt, deren Zuordnung auf der Ebene des *gesellschaftlichen Kontextes* erfolgt. Dabei konnten drei Kategorien definiert werden, die von den Pflegeeltern als Ressourcen beschrieben wurden.

So weisen einige Schilderungen auf Erfahrungen hin, die als *wohlwollende Gesellschaftsstrukturen* gekennzeichnet werden können. Neben den zum Teil dramatischen Erlebnissen mit Beschäftigten aus Krankenhäusern, beschreiben die Pflegeeltern auch gegenteilige Erfahrungen, die insbesondere von hoher Anerkennung gegenüber der gesamten Pflegefamilie und einem besonders sensiblen Umgang mit ihren Pflegekindern und dessen Behinderung geprägt sind *(2196)*. Im gesamten Interview wird deutlich, wie sehr die Pflegeeltern insbesondere aufgrund der Behinderungen und Erkrankungen ihrer Pflegekinder auf ein funktionsfähiges medizinisches Versorgungssystem angewiesen sind.

Auch die erhöhte Akzeptanz von Männern in Teilzeit-Arbeitsverhält-nissen kann an dieser Stelle genannt werden:

> *PV: „Am Anfang war es schwierig, aber inzwischen akzeptieren sie es. Weil sie auch bemerkt haben, sie haben auch Vorteile davon. Weil ich auch mal bereit bin, wenn wirklich viel Arbeit da ist, dass ich auch mal sage: ‚Okay, ich mache eine Woche durch.'"* (1275)
>
> ...
>
> *PV: „Und das ist für die Firma jetzt, wo sie also jetzt sagt: ‚Früher mussten wir gucken, dass wir einen Mann einstellen oder einen Leiharbeiter holen. Wo wir also immer wieder ungelerntes Personal hatten. Hier haben wir gelerntes Personal, was einspringt. Ist die Arbeit wieder normal und was dünner, dann macht der seine Freiwoche.'"* (1287)

Einige *rechtliche Rahmenbedingungen*, die das Leben der Pflegefamilie tangieren, werden von den Pflegeeltern ebenfalls als hilfreich oder günstig hervorgehoben. Dazu gehört die Möglichkeit, das Sorgerecht für die älteste Pflegetochter zu übernehmen. Dies führt bei den Pflegeeltern zu einem verbesserten Sicherheitsgefühl hinsichtlich des weiteren Verbleibs der Pflegetochter in der Familie *(2447)*. Das Zugehörigkeitsgefühl der Pflegetochter zur Pflegefamilie sei außerdem verstärkt worden, weil von der Möglichkeit zur Namensänderung

Gebrauch gemacht wurde und die Pflegetochter nun den Nachnamen der Pflegefamilie trage.

> *PM: „Oh, was glauben Sie, was ich Angst damals hatte, am Anfang, dass die* [leibliche Mutter; Anm. d. A.] *mir Nina wieder wegholt, ne? Das war schon-, da war ich froh, dass wir das Sorgerecht hatten. Für Nina haben wir das vollkommene Sorgerecht. Das hat mich wieder total sicher gemacht, ne? Oder auch für Nina den Namen. Dass sie unseren Namen hat, das war für Nina ganz wichtig, ne? Erstmal Vergangenheit, sie kommt nicht immer wieder jeden Tag, wenn sie angesprochen wird, mit ihrer Mutter in Kontakt." (2447)*

Als ein weiterer Aspekt unterstützender rechtlicher Rahmenbedingungen muss innerhalb der gesamten Regelungen zur gesetzlichen Krankenversicherung insbesondere die freie Ärztewahl gelten. Dadurch werden die Pflegeeltern in die Lage versetzt, Ärzte und Ärztinnen nur dann weiter zu konsultieren, wenn sie mit deren Arbeit zufrieden waren. Aufgrund der freien Ärztewahl scheinen die Pflegeeltern außerdem in der Lage gewesen zu sein, ein ausgefeiltes und passgenaues Netzwerk von spezialisierten Fachärzten und Allgemeinmedizinern um sich herum zu organisieren.

> *PM: „...und der* [Arzt; Anm. d. A.] *dann ganz klar sagte: ‚Kerstin? Die ist besser zum Sterben in einem Heim aufgehoben.' So eine dumme Äußerung. Ja klar, zum Sterben ja, aber zum Leben nicht, ne? Da gehe ich natürlich nicht mehr in dieses Krankenhaus." (2260)*

An einer weiteren Stelle des Interviews wird deutlich, dass die Pflegeeltern vor dem Hintergrund der zum Teil sehr speziellen Problemlagen ihrer Pflegekinder auf der Suche nach *Informations- und Betreuungsangeboten* innerhalb der Gesellschaft fündig werden. Diese als Pflegeeltern in gleicher Weise wahrnehmen zu können wie andere Eltern, scheint dabei jedoch nicht immer selbstverständlich zu sein. Die folgende Sequenz zeigt daher einen zwiespältigen Aspekt, da eigentlich ein spezifisches Angebot zur Verfügung steht, bei dem die Pflegeeltern jedoch auf Ablehnung treffen:

> *PM: „Aber jetzt noch mal zu diesem, was uns passiert ist. Wir waren schon mal mit auf einem Seminar, für Eltern von verbrannten Kindern. Da haben wir nicht dazugehört, weil es wären ja nicht unsere leiblichen Kinder. Also können wir ja nicht verstehen, welche Tragödie die leiblichen Eltern durchmachen."*

I: „Von den Eltern her haben Sie nicht dazugehört?"
PM: *„Ja. Dann waren wir in diesem Astrid-Lindgren-Haus im, im Buller-bü-Haus, da waren vier Familien mit schwerstverbrannten Kindern ein-geladen worden. Da haben wir auch wieder gesagt gekriegt, aber von der Leitung, von wirklich Fachleuten, dass wir uns da ja gar nicht einfüh-len könnten. Weil es ist ja nicht unser leibliches Kind. Ja, aber natürlich kann ich mich einfühlen. Natürlich hab ich diesen Unfall nicht mitge-macht. Natürlich muss ich nicht mit einem schlechten Gewissen rumlau-fen: ‚Habe ich einen Fehler gemacht? Weil mein Kind verbrüht? Oder was weiß der Henker? Habe ich nix, ich kann mit gutem Gewissen sofort dran gehen zu helfen, ne? Aber die ganzen Operationen, was wir alles durch haben. Was Nina an Operationen hatte, das haben wir doch ge-nauso getragen wie die anderen. Aber wir werden immer abgewertet."*
(950)

Mit Ausnahme des Kindergartens der jüngsten Pflegetochter und des sehr prä-senten sozialen Fachdienstes tauchen in den Schilderungen der Pflegeeltern keine weiteren für sie bedeutsamen Informations- und Betreuungsangebote auf.

Zusammenfassend werden die Ressourcen der Pflegeeltern auf der Ebene des gesellschaftlichen Kontextes nun auf der folgenden Seite übersichtsartig dar-stellt.

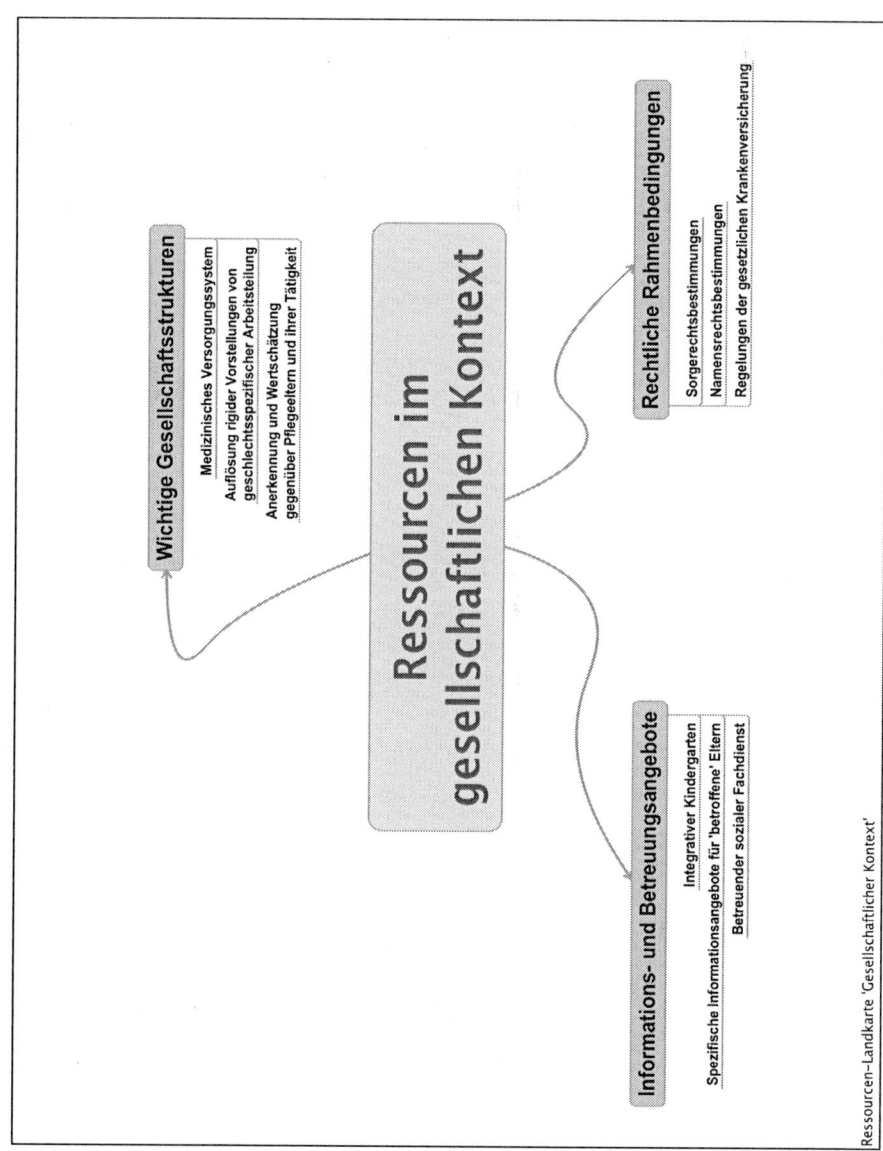

Ressourcen–Landkarte 'Gesellschaftlicher Kontext'

Teil 4: Diskussion und Ausblick

4.1 Diskussion der Erkenntnisse

Hier werden die nach meinem Eindruck hervorstechenden Ergebnisse genauer betrachtet. Die Herausforderung des Diskussionsteils liegt dabei in der Streichung von Themen, die zwar relevant und spannend genug wären, um aufgegriffen zu werden, die jedoch den Rahmen der Arbeit gesprengt hätten.

Wurde ein Teil des Begriffsapparates aus ursprünglich soziologischen und psychologischen Ansätzen rekonstruiert, werden nachfolgend insbesondere sozialpädagogisch relevante Themenfelder fokussiert und zur Diskussion gestellt. Hierbei werden sowohl Felder der Wissenschaft als auch der Praxis Sozialer Arbeit berührt. Darüber hinaus werden einige Aspekte zur Diskussion gestellt, die keinem der beiden Bereiche klar zuzuordnen sind, die aber dennoch berücksichtigt werden sollen.

Wissenschaftsbezogene Diskussion
Der folgende Abschnitt befasst sich mit der Aussagekraft von Einzelfallstudien, der systematischen Untergliederung eines Untersuchungsfeldes in mehrere Ebenen, weiteren Erkenntnissen zum Modell der Belastungs-Ressourcen-Balance sowie dem Erkenntnisgewinn auf der Grundlage der zuvor eingeführten Begrifflichkeiten.

Aussagekraft von Einzelfallstudien
In einigen fachlichen Auseinandersetzungen mit VertreterInnen quantitativer Erhebungsmethoden und mit PraktikerInnen, die auf der Suche nach allgemeingültigen Antworten für ihre Tätigkeit waren, wurde ich häufig mit der Ansicht konfrontiert, dass Ergebnisse, die auf der Grundlage eines einzigen Falles entwickelt wurden, keine Aussagekraft hätten. Dem widerspreche ich. Natürlich kann es im Rahmen qualitativer Untersuchungsverfahren nicht darum gehen repräsentative Ergebnisse zu erzielen.[169] Jenseits von Fragen der Repräsentativität liegen jedoch verborgene oder nur gering ausgeleuchtete Bereiche, denen man sich durch die sehr sorgfältige Analyse von Einzelfällen annähern

---

[169] vgl. Binnenberg 1979; vgl. Fatke 1995

und dadurch eine Vorstellung von ihrer jeweiligen Beschaffenheit bekommen kann. Darüber hinaus enthält jeder Einzelfall eine Bandbreite verallgemeinerbarer Aspekte, die sich aufgrund einer Zugehörigkeit zu Gruppen, zu Milieus, zu biographischen Hintergründen, zu bestimmten Gesellschaftsteilen, zu gesellschaftshistorischen Erfahrungen usw. im Rahmen einer Analyse herausschälen lassen. Für die vorliegende Untersuchung können durch eine schrittweise Erhöhung des Abstraktionsniveaus allgemeine Aspekte fokussiert werden. Exemplarisch werden nachfolgend Thesen entworfen, die unabhängig voneinander von unterschiedlichen Abstraktionsstufen abgeleitet wurden:

> Stufe 1: *Pflegeeltern von Kindern mit Behinderung und/oder chronischer Erkrankung* erleben verletzende gesellschaftliche Situationen.

> Stufe 2: *Pflegeeltern* sorgen sich aufgrund der spezifischen Belastungen eines Pflegeverhältnisses um ihre leiblichen Kinder.

> Stufe 3: *Träger sozialer Elternschaft* setzen sich mit Fragen zur Biographie ihres angenommenen Kindes auseinander.

> Stufe 4: *Eltern* können auf der Grundlage ihrer emotionalen und kognitiven Kompetenzen ihr Erziehungsverhalten erweitern.

> Stufe 5: *Menschen in der Postmoderne* entwickeln individuelle Deutungsmuster jenseits oder in Ergänzung zu kollektiven sozialen Deutungsmustern.

Untergliederung des Untersuchungsfeldes in mehrere Ebenen

Auf der Grundlage der Unterteilung des Untersuchungsfeldes in die intrapersonale Ebene, die Ebene des Lebensfeldes und die Ebene des gesellschaftlichen Kontextes konnte die systematische Entwicklung eines Kategoriensystems erfolgen. Die Belastungen und Ressourcen der Pflegeeltern lassen sich dadurch auf eine spezifische Ebene oder auf mehrere Ebenen zuordnen. Dadurch werden die Zusammenhänge zwischen einer Person und ihrer Umwelt darstellbar und nachvollziehbar. Hinsichtlich der befragten Pflegeeltern konnten dadurch auch Ressourcen- und Belastungsquellen erfasst werden, die ich in dieser Form nicht erwartet hatte. Das Vorgehen eignet sich daher sehr gut für eine erste Strukturierung eines noch recht unbekannten Forschungsfeldes, für das kein thesenüberprüfendes, sondern ein thesengenerierendes Verfahren angewendet wird.

Zum Modell der Belastungs-Ressourcen-Balance

Für diese Untersuchung hat sich das Modell der Belastungs-Ressourcen-Balance als nützlich erwiesen. Auf dem statischen Modell, das auf der Grundlage einer systematischen Darstellung der diversen Belastungen und Ressourcen von Pflegeeltern entwickelt wurde, kann nun weiter aufgebaut werden. An einigen Stellen werden erste Zusammenhänge zwischen den einzelnen Ressourcen- und Belastungsquellen bereits deutlich, die im Rahmen dieser Arbeit noch zurückgestellt, aber zukünftig – durch die Entwicklung eines dynamischen Modells – noch stärker forciert werden sollen. Diesem Ziel ist die vorliegende Arbeit ein gutes Stück näher gekommen.

Eine besondere Qualität des Modells liegt meines Erachtens in der gegenstands- und ergebnisoffenen Betrachtung und Aufschlüsselung des Untersuchungsfeldes. Dadurch gelingt es, sowohl Themenfelder zu akzentuieren, die bisher eine eher geringe Rolle in der Fachdiskussion gespielt haben (Normalitätserleben von Pflegeeltern; Emotionsstufen von Pflegeeltern; Leibliche Kinder von Pflegeeltern), als auch solche, die über eine längere Forschungstradition verfügen (Bindung; Ergänzungs- vs. Ersatzfamilie). Ich halte es für möglich, dass auf diese Weise ein seriöser entideologisierender Beitrag für das Forschungsfeld zum Aufwachsen in Pflegefamilien geleistet werden kann. Darüber hinaus lassen sich durch dieses Vorgehen anschlussfähige Forschungsfelder in die Fachdiskussion einbringen. Insbesondere Arbeiten zur Identitätsentwicklung (Keupp u.a. 2008), zu Deutungs- und Emotionsmustern (Arnold 1985/2005/2006), zum „well-being"-Begriff (Henderson, Milstein 2003), zur Idee der „family resilience" (Benzies 2009) und zur „role-identity" von Pflegeeltern (Schofield, Ward 2010) scheinen für die Verknüpfung mit dieser Untersuchung geeignet und werden im Rahmen der weiteren Bearbeitung berücksichtigt.

Die Komplexität der entwickelten Belastungs- und Ressourcenkarten erfordert einige Konsequenzen für die weitere Forschung. Es lassen sich unterschiedliche Betrachtungsfolien entwickeln, die die Ergebnisse beispielsweise nach allgemeinen und spezifischen, nach emotionalen und kognitiven oder auch nach privaten und professionellen Aspekten auswerten.

In dieser Untersuchung wird deutlich, dass im Leben der Pflegeeltern mehrere Variablen im Laufe unterschiedlicher Situationen oder Lebensphasen sowohl als wichtige Unterstützungsquelle als auch als gravierende Belastungsquelle gelten können. Diese spezifischen Situationen und Lebensphasen, in denen

Variablen konträre Konnotationen erhalten, müssten noch weiter herausgearbeitet werden.[170]

Zu den Begrifflichkeiten

Zu den Sinnkonstruktionen der Pflegeeltern von Kindern mit Behinderung und/oder chronischer Erkrankung gilt es noch zwei Punkte anzumerken:

1. Auf der Grundlage der Ergebnisse lässt sich ableiten, dass ein Pflegekind mit Behinderung und/oder chronischer Erkrankung das Leben der Pflegeeltern bereichern kann. Dies kann theoretisch als Sinnkonstruktion der Pflegeeltern betrachtet werden: Da sie ihre Tätigkeit als sinnvoll und persönlich bereichernd erleben, sind sie in der Lage, hohe Belastungen auszuhalten. Allgemeiner formuliert hieße das: Wenn wir etwas als sinnvoll erleben, können wir beträchtliche Belastungen aushalten - wenn hingegen erhebliche Zweifel am Sinn einer Aufgabe entstehen, werden wir verletzbar. Sigrun-Heide Filipp und Peter Aymanns (2010) beziehen sich auf Viktor Frankl (1972) der betont: „...dass Sinn gefunden und nicht etwa durch Nachdenken willentlich geschaffen werden könne und dass nichts einen Menschen so sehr befähige, äußere Schwierigkeiten oder innere Beschwerden zu überwinden, als das Bewusstsein, eine Aufgabe (einen Sinn) im Leben zu haben. Worin diese im Einzelnen liegen könne, weist ob ihrer je unterschiedlichen Verwurzelung in der Lebensgeschichte des Einzelnen und ihrer je unterschiedlichen Anbindung an Sinnressourcen [...] ein außerordentlich hohes Maß an Individualität auf [...]"[171]

2. Für die Pflegeeltern scheint sich hinsichtlich ihrer Tätigkeit ein großer Spielraum für individuelle Sinnkonstruktionen zu eröffnen. Ihr Tätigkeitsfeld, das in einem Spannungsfeld zwischen Privatleben und Berufstätigkeit verläuft, scheint den Pflegemüttern und Pflegevätern ein hohes Maß an Individualität, Freiheit und beruflicher Identifikation zu

---

[170] So können beispielsweise leibliche Kinder für die Pflegeeltern eine wichtige Unterstützungsfunktion besitzen. Während ihre Ablösephase von den Pflegeeltern noch als Belastungsquelle erlebt werden kann, ist es möglich, dass leibliche Kinder nach einiger Zeit wieder als eine bedeutsame Unterstützung für die Pflegeeltern gelten. Beispielsweise als fachlich kompetente, die Pflegeeltern zeitweise entlastende Betreuungsperson für das Pflegekind.

[171] Filipp, Aymanns 2010 (S.180), vgl. Keupp u.a. 2008 (S.242)

ermöglichen.[172] Der Preis dafür scheint in der Gefahr zu liegen, dass mit dem Scheitern eines Pflegeverhältnisses auch der Zusammenbruch der individuellen Sinnkonstruktion verbunden sein kann. Dies hängt grundlegend zusammen mit einem hohen Maß an Selbstzuschreibungen der Pflegeeltern (Gelingt es *mir persönlich*, dieses Kind in unsere Familie zu integrieren?), einer sehr engen Verknüpfung von persönlicher und beruflicher Identität sowie der hohen Bedeutung der Pflegekinder als Bezugsgruppe für die eigenen Sinnkonstruktionen. Hier sei an die symbiotische Beziehung erinnert, die Frau Seidel zwischen ihrer jüngsten Pflegetochter und sich selbst beschreibt. Neben den entwicklungsförderlichen Bedingungen für die Pflegetochter, die auf der Grundlage einer solchen Beziehung entstehen, werden an diesem Beispiel theoretisch auch Gefahren und Kosten für Pflegemutter und Pflegetochter erkennbar. Das starke Bedürfnis der Pflegemutter nach einer beständigen Mutter-Kleinkind-Beziehung und ihr Wunsch nach dauerhafter Nähe zur Pflegetochter stellt ein potentielles Entwicklungsrisiko hinsichtlich der Autonomieentwicklung der Pflegetochter dar. Daneben wird deutlich, dass die sehr beziehungsintensive Konstellation und Einstellung für die Pflegemutter hypothetische Kosten verursacht. Hier lässt sich nur vermuten, dass beispielsweise ein verstärktes Autonomiestreben der Pflegetochter oder eine unerwartete Rückführung zur leiblichen Mutter mit einer erheblichen Gefährdung der Sinnkonstruktionen der Pflegemutter verbunden wären. Die begleitenden Fachdienste sollten daher neben der Erhaltung und Schaffung von förderlichen Entwicklungsräumen für die Kinder auch die individuellen Interessen und Motive der Pflegeeltern berücksichtigen. Diese benötigen in bestimmten Situationen professionelle Unterstützung bei der Aufrechterhaltung, Modifikation oder Neuentwicklung ihrer Sinnkonstruktionen.

Die zu Beginn dieser Arbeit eingeführten Begrifflichkeiten wurden auf der Grundlage des aus dem Interview abgeleiteten Kategoriensystems ausgewählt und definiert. Dass sie sich daher für die weitere Beschreibung und Analyse der unterschiedlichen Kategorien gut verwenden ließen, ist keine besondere Überraschung. Dass sich auch allgemeine Zusammenhänge jenseits des Untersuchungsfeldes durch den erfolgten Abstraktionsprozess – von der einzelfallspezifischen Analyse zum theoriegeleiteten Begriffsapparat – in dieser Form ent-

---

[172] vgl. Wolf 1999 (S.366)

wickeln und anschaulich beschreiben lassen, war nach meinem Eindruck nicht zu erwarten.

Das bereits zum Ende von Kapitel 1.6 verwendete Schaubild zum Zusammenhang der in dieser Arbeit verwendeten Begrifflichkeiten wird an dieser Stelle wieder aufgegriffen und um die drei Ebenen des entwickelten Kategoriensystems ergänzt. Dadurch lässt sich der Aushandlungsprozess zwischen Person und Umwelt weiter hinsichtlich der Interaktionsprozesse zwischen der intrapersonalen Ebene, der Ebene des Lebensfeldes und der Ebene des gesellschaftlichen Kontextes ausdifferenzieren.

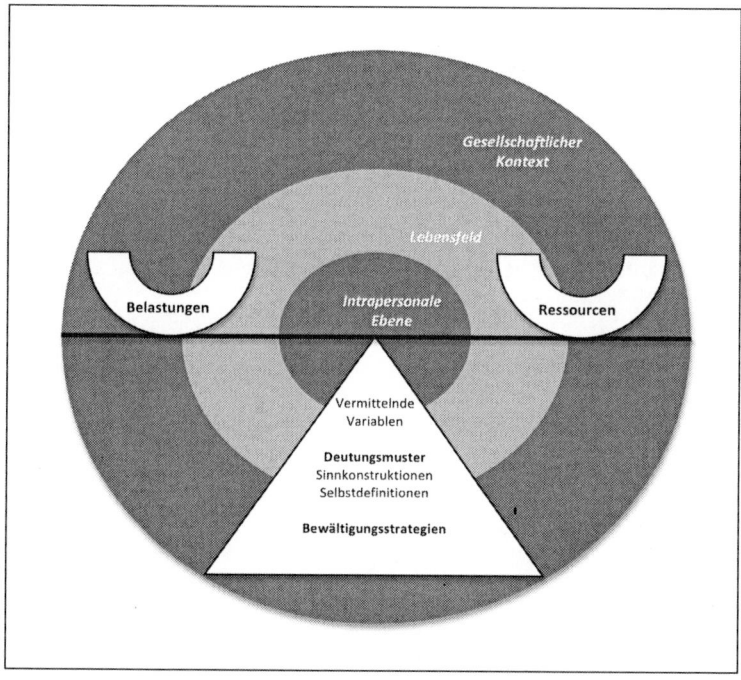

Modell 2: Erweitertes Schaubild zum Zusammenhang der verwendeten Begrifflichkeiten

Praxisbezogene Diskussion

Im folgenden Abschnitt werden allgemeine und spezifische Erkenntnisse zum Aufwachsen in Pflegefamilien diskutiert. Außerdem werden konkrete Unterstützungsbedarfe von Pflegeeltern sowie erste Ideen fachlicher Konsequenzen für eine begleitende Soziale Arbeit vorgestellt.

Hinsichtlich der Frage nach allgemeinen Themen von Pflegeeltern und spezifischen Themen von Pflegeeltern eines Kindes mit Behinderung und/oder chronischer Erkrankung konnten bereits folgende Erkenntnisse erzielt werden:

Allgemeine Themen

- Familienleben im Spannungsfeld zur leiblichen Familie des Pflegekindes
- Teilweise Unkenntnis hinsichtlich der Biographie des Pflegekindes
- Auseinandersetzung mit Problemen die das Pflegekind hat
- Auseinandersetzung mit Problemen die das Pflegekind macht
- Mögliche Rückkehr des Pflegekindes in die Herkunftsfamilie
- Sorge um leibliche Kinder
- Begrenzter rechtlicher und gesellschaftlicher Elternstatus als Pflegeeltern

Daraus lässt sich ableiten, dass Pflegeeltern, die ein Pflegekind mit Behinderung und/oder chronischer Erkrankung in ihrer Familie betreuen, nicht ausschließlich spezielle Themen bearbeiten müssen. Auch im Rahmen dieser Pflegeverhältnisse finden Besuchskontakte zwischen den Pflegekindern und ihren leiblichen Eltern statt, die begleitet, arrangiert und nachbereitet werden müssen. Auch bei den scheinbar sicheren und kontinuierlichen Pflegeverhältnissen bestehen teilweise Ängste seitens der Pflegeeltern, ihr Pflegekind nicht dauerhaft behalten zu können. Anhand der übrigen Auflistung wird meines Erachtens deutlich, dass die Pflegeeltern und Pflegekinder sich auch im Rahmen ihrer speziellen Pflegeverhältnisse mit allgemeinen Themen auseinandersetzen, die für das Aufwachsen in Pflegefamilien allgemeine bedeutsam sind.

Zusätzlich lassen sich allerdings auch Themen finden, die in dieser Form nicht im Rahmen allgemeiner Pflegeverhältnisse auftauchen.

Spezifische Themen

- Emotionale Belastungen im Zusammenhang mit lebensbedrohlichen Erkrankungen des Pflegekindes
- Eingeschränkte Entwicklungsmöglichkeiten des Pflegekindes
- Aufwändige medizinische Versorgung sowie pflegerische Anforderungen aufgrund der Behinderungen und/oder chronischer Erkrankung des Pflegekindes
- Folgen aufgrund der eingeschränkten Mobilität des Pflegekindes
- Auseinandersetzung mit äußeren Widerständen (architektonische Barrieren, soziale Ausgrenzung)
- Erlebnisse doppelter Stigmatisierung der Kinder als Pflegekind („Nicht normal, weil es nicht in seiner leiblichen Familie lebt") und als Kind mit Behinderung und/oder chronischer Erkrankung („Nicht normal, weil es nicht gesund ist")

Es geht dabei um die emotionale, persönliche, familiale und gesellschaftliche Auseinandersetzung mit den Folgen der Behinderung eines Pflegekindes für die Pflegeeltern. Dazu gehören auch Aspekte eines spezifischen Stigmamanagements. Interessant an dieser Stelle ist, dass Pflegeeltern die Behinderung und die eingeschränkten Entwicklungschancen ihres Pflegekindes nicht ausschließlich als Belastungen beschreiben. So passen für einige Pflegeeltern die individuellen Besonderheiten ihres Pflegekindes zu ihrem persönlichen Lebensentwurf. Dabei spielen unter anderem Aspekte wie das langfristige Gebraucht-Werden als Elternteil oder die Weiterentwicklung des eigenen Wertesystems eine bedeutende Rolle.

Unterstützungsbedarfe von Pflegeeltern

Aus den bisherigen Ergebnissen lässt sich recht deutlich ableiten, dass für die Pflegeeltern von besonderer Bedeutung ist, gut und offen über alle mit dem Pflegeverhältnis zusammenhängenden Aspekte informiert zu sein. Dies bezieht sich auf die Vorbereitung und Begleitung eines Pflegeverhältnisses. Vorbereitet zu sein auf das, was im Rahmen eines Pflegeverhältnisses auf die Pflegeeltern und ihr soziales Netzwerk zukommen kann, hat zwei Vorteile: Es führt zu einem erhöhten Maß an Sicherheit bei den Pflegeeltern und es stärkt von Beginn an das Vertrauensverhältnis zwischen vermittelnder und begleitender Stelle zu den Pflegeeltern.[173]

---

[173] Auch wenn dieser Punkt aus fachlicher Perspektive sehr einleuchtend scheint, wird er an dieser Stelle hervorgehoben, weil aus mehreren Schilderungen von Pflegeeltern

Darüber hinaus scheint es für die Pflegeeltern bedeutsam zu sein, soziale Anerkennung und Wertschätzung für ihre Tätigkeit zu erhalten. Der begleitende soziale Dienst übernimmt diesbezüglich eine herausragende Rolle. Dieses Bedürfnis der Pflegeeltern wird gerade durch die persönlichen und an einigen Stellen familiären Umgangsformen zwischen ihnen und den zuständigen BetreuerInnen befriedigt. Die Kehrseite dieses sehr persönlichen Umgangs lässt sich erkennen, wenn die Pflegeeltern auf MitarbeiterInnen anderer Institutionen treffen. Möglicherweise bemängeln sie die hierarchischen und anonymen Umgangsformen dann auch deshalb, weil sie durch ihren begleitenden sozialen Dienst in gewisser Weise – jenseits von sonst üblichen Institutionskulturen – verwöhnt werden.

Wie bereits im Rahmen der Diskussion zu den Sinnkonstruktionen angedeutet, scheinen die Pflegeeltern in besonders belastenden Lebensphasen Unterstützung bei der Aufrechterhaltung, Modifikation und Neuentwicklung individueller Sinnkonstruktionen zu benötigen. Auch wenn solche Prozesse nur sehr begrenzt von außen gestaltet werden können, ist es denkbar, diese von außen zu begleiten und zu unterstützen. Möglicherweise können gerade die Einschätzungen einer vertrauten und fachlich geschätzten Person hinsichtlich der Chancen und Risiken von individuellen Sinnkonstruktionen helfen. Aus sozialpädagogischer Perspektive lohnt sich der Aufwand zur Unterstützung der Sinnkonstruktionen von Pflegeeltern nicht nur für die Pflegeeltern, sondern auch für die Pflegekinder, weil vertraute und günstige Lebens- und Entwicklungsräume für die Pflegekinder erhalten und stabilisiert werden können. Dabei müsste es nach meinem Eindruck um einen begleitenden Prozess gehen und nicht darum, die alltäglichen Deutungsmuster und Sinnkonstruktionen einer Person mit wissenschaftlichen Erklärungen zu konfrontieren.[174]

Im Rahmen der Betreuung von Pflegeeltern könnte auch die Unterteilung, Analyse und Berücksichtigung aktueller Gemütszustände von Pflegemüttern und Pflegevätern in Emotionsstufen nutzbar gemacht werden. Daraus würden sich Handlungspotentiale und Interventionsmöglichkeiten für den betreuenden sozialen Dienst ableiten lassen. So ist es beispielsweise leichter bei den Pflegeeltern für Verständnis hinsichtlich der schwierigen Lebenssituation eines leiblichen Elternteils des Pflegekindes zu werben, wenn die Pflegeeltern für diese Person Mitleid statt Wut empfinden.

---

deutlich wird, dass sie das Gefühl hatten, im Vorfeld von den vermittelnden Jugendämtern nicht über alle vorliegenden Informationen in Kenntnis gesetzt worden zu sein.
[174] vgl. Arnold 1985 (S.146)

Sonstige Diskussionsfelder

Der folgende Abschnitt befasst sich mit weiteren Themenfeldern zum Aufwachsen in Pflegefamilien, deren Zuordnung nicht nach theoretischer oder praktischer Relevanz erfolgt. Stattdessen werden die Aspekte vor dem Hintergrund ihrer jeweiligen Besonderheit betrachtet.

Hochbelastete Pflegeeltern

Aufgrund des Verlaufs der Untersuchung mussten Vorannahmen korrigiert bzw. modifiziert werden. Objektiv betrachtet ließe sich die Idee von hochbelasteten Pflegeeltern aufgrund der erheblichen Einschränkungen, Verpflichtungen und Aufgaben, die mit der Aufnahme eines Kindes mit Behinderung und/oder Erkrankung verbunden sind, sicher halten. Allerdings scheint eine Ausdifferenzierung notwendig. Aus der Perspektive der Pflegeeltern, stellt sich häufig ein hohes Maß an Normalitätserleben ein. Die Pflegeeltern berichten von routinierten Handlungsabläufen, in denen ihnen keine krisenähnlichen Bewältigungsstrategien abverlangt werden. Zum Teil schildern sie ihren Alltag „wie in einer ganz normalen Familie". Es scheint so, als würden sich die Pflegeeltern an ein hohes Maß an Betreuungsaufwand gewöhnen und dies in der Folge nicht mehr ständig als Belastung wahrnehmen. In der Diskussion mit MitarbeiterInnen des begleitenden sozialen Fachdienstes wurde kritisch darauf hingewiesen, dass einige der Pflegeeltern ihre Belastungsgrenze dadurch zum Teil deutlich überschreiten und ihre Belastungs-Ressourcen-Balance immer im Ungleichgewicht sei. In solchen Fällen müssen die BetreuerInnen zum Teil als Frühwarnsystem der Pflegeeltern fungieren.

Es scheint im Rahmen dieser speziellen Pflegeverhältnisse jedoch auch erleichternde Aspekte zu geben. Diese Punkte können allerdings bisher nur als Hypothesen genannt werden. Dazu gehört ein hohes Maß an Sicherheit für die Pflegeeltern, dass das Pflegekind nicht in die Herkunftsfamilie zurückkehren wird. Möglicherweise akzeptieren die leiblichen Eltern das Pflegeverhältnis und die Übernahme der Elternrolle durch andere Personen leichter als in den übrigen Pflegeverhältnissen. Außerdem gibt es Hinweise darauf, dass die Pflegeeltern hinsichtlich der schulischen Leistungen ihrer Pflegekinder weniger Erfolgsdruck verspüren. Ich schlage vor, aufgrund des Selbstverständnisses der Pflegeeltern nicht von hochbelasteten Pflegeeltern zu sprechen, sondern eine Akzentuierung auf die allgemeinen und spezifischen Anforderungen vorzunehmen. Von Pflegeeltern oder Pflegefamilien mit einem besonderen Unterstützungsbedarf zu sprechen, hätte den weiteren Vorteil, dadurch auch andere Formen spezieller Pflegefamilien mit in den Blick nehmen zu können.

Glaube

Für viele Pflegeeltern sind religiöse Motive eine wichtige Grundlage ihres Handelns. Allerdings besitzt der Glaube kein Alleinstellungsmerkmal. Ebenfalls bedeutsam sind humanitäre Motive, verbunden mit der Überzeugung etwas Wichtiges zu tun. Mit Blick auf die Fortsetzung der Untersuchung wird dieser Aspekt auch zukünftig berücksichtigt. In mehreren Interviews wird deutlich, dass sich die Pflegeeltern als gläubig, nicht aber einer Religion zugehörig beschrieben haben. Dies passt zu dem Gesamteindruck eines hohen Maßes individueller Ausgestaltungsformen der eigenen Lebensentwürfe.

Eigennützige Motive

Hinsichtlich der Fragestellung: „Warum machen die Pflegeeltern das?" gibt es Antworten, die zumindest auf den ersten Blick Irritationen auslösen können. Während altruistische Motive vermutlich eine breite gesellschaftliche Akzeptanz und Anerkennung erwarten lassen, stoßen Motive, die offensichtlich (auch) ein persönliches Interesse verfolgen leicht auf Misstrauen. Der in dieser Arbeit entwickelte Zugang zu den Sinnkonstruktionen von Pflegeeltern kann eine solch unterkomplexe Zuordnung (altruistisches Motiv = hohe Anerkennung; eigennütziges Motiv = Misstrauen) auflösen. Auch offenbar altruistische Motive einer Person dienen dem Erhalt und Aufbau des eigenen Selbstwertgefühls und der Bestätigung von Selbstdefinitionen. Egoistische Motive können vor diesem Hintergrund als nützlich erkannt werden – so ist es Pflegeeltern durchaus möglich, auf der Grundlage unterschiedlicher Motivationslagen einen entwicklungsförderlichen Lebensraum für Pflegekinder zu schaffen. Mit dem Pflegeverhältnis persönliche Vorteile zu verbinden, scheint aus fachlicher Perspektive nicht nur legitim, sondern für dessen kontinuitätssichernden Bestand sogar begünstigend. Sichergestellt werden muss nach meinem Eindruck bei allen denkbaren Motiven der Pflegeeltern, dass diese nicht dem Wohl und den Bedürfnissen des Pflegekindes und den übrigen am Pflegeverhältnis beteiligten Personen widersprechen.

Leibliche Eltern

Im Rahmen der Untersuchung findet sich ein interessanter Hinweis hinsichtlich des Spannungsfeldes, in dem die Interaktion von Pflegeeltern und Herkunftseltern stattfindet. Die Pflegeeltern begegnen den Herkunftseltern des Pflegekindes nicht grundsätzlich mit Ablehnung oder Wertschätzung. Sie treffen diese Entscheidung hingegen für jedes einzelne Herkunftselternteil abhängig von dessen auf das Pflegekind bezogenen Handlungen. An dieser Stelle wird deutlich, dass sich das Interaktionsfeld zwischen Pflegeeltern und Herkunftseltern abhängig von solchen Urteilen entspannen oder verhärten kann. Der begleitende soziale Dienst müsste demnach über das Potential verfügen, im Spannungsfeld zwischen Pflegeeltern und Herkunftseltern konstruktiv vermitteln zu können. Denkbar wäre neben der Anregung von entwicklungsförderlichen Verhaltensweisen der Herkunftseltern gegenüber ihren Kindern auch die Anregung von ressourcenorientierten Deutungsmustern der Pflegeeltern gegenüber den Herkunftseltern.

Familiengrenzen

Es gibt deutliche Hinweise der Pflegeeltern auf die besondere Bedeutung von Mitgliedern der Kernfamilie.[175] Die Eltern und Geschwister der Pflegeeltern scheinen hingegen eine untergeordnete Rolle im Leben der Pflegefamilie zu spielen. Mehrfach deuteten Anmerkungen der Pflegeeltern darauf hin, dass sich ihre Verwandten und ein großer Teil ihrer Freundinnen und Freunde nach der Aufnahme eines Pflegekindes von ihnen entfernt hätten. Die Entscheidung zur Aufnahme eines Pflegekindes mit Behinderung und/oder chronischer Erkrankung wird von einem großen Teil des inner- und außerfamiliären Netzwerkes der Pflegeeltern scheinbar nicht mitgetragen. Die Grenzen der Kernfamilie scheinen sich durch die Aufnahme eines Pflegekindes noch weiter zu verfestigen. Es gilt darüber nachzudenken, solche Informationen bereits im Rahmen von Vorbereitungskursen für Pflegeeltern zu vermitteln.

Geschlechtsspezifische Beobachtungen

Auch einige geschlechtsspezifische Aspekte verdienen Erwähnung. Bei den bisher befragten Pflegeeltern findet man mit Blick auf die Arbeitsteilung von Familie und Erwerbsarbeit sowohl traditionelle als auch enttraditionalisierte Familienmodelle. In den Interviews wird deutlich, dass auch Pflegeväter, die Vollzeit erwerbstätig sind, eine wichtige Rolle für das Zusammenleben in der Pfle-

---

[175] Zu den Mitgliedern der Kernfamilie zähle ich in Anlehnung an die Akzentuierung der Pflegeeltern neben Vater, Mutter und leiblichen Kindern auch die Pflegekinder. In sehr wenigen Ausnahmen müssten auch noch die Großeltern hinzugezählt werden.

gefamilie spielen. Einige dieser Pflegeväter weisen darauf hin, dass ihr Tag nicht vorbei sei, wenn sie von der Arbeit nach Hause kämen, sondern sie würden dann versuchen, ihre Partnerin zu entlasten. Darüber hinaus lässt sich aus den Schilderungen der Pflegeeltern ableiten, dass einige Pflegeväter ihre Erwerbstätigkeit zugunsten der stärkeren Beteiligung im Rahmen der Familie reduziert haben und zum Teil komplett aufgeben möchten. An dieser Stelle spielen die wirtschaftlichen Voraussetzungen für die Pflegeeltern eine bedeutende Rolle bei der Frage, ob dieser Schritt zu realisieren ist. Die Pflegemütter betonen in diesem Zusammenhang den Zugewinn an gemeinsamer Zeit mit ihrem Partner und an persönlicher Freiheit, weil sie nicht mehr alleine für die Aufgaben innerhalb der Familie zuständig sind.

Neben der Betrachtung von Unterschieden zwischen Pflegemüttern und Pflegevätern fällt ein gemeinsamer Aspekt besonders auf. Das Pflegeelternpaar schildert Überzeugungen und Ansichten häufig nicht nur für die eigene Person, sondern in Einbezug des Partners/der Partnerin. Dadurch erhält man zuweilen den Eindruck eines symbiotischen Selbstverständnisses. In anderen Interviews erfolgen hingegen – im deutlichen Kontrast dazu – kontroverse Diskussionen der Pflegemütter und Pflegeväter über ihre Ansichten und Überzeugungen. Dieser Aspekt wirft für die weitere Untersuchung die Frage auf, ob die Partnerschaft der Pflegeeltern einen gesonderten Platz im Kategoriensystem zwischen der intrapersonalen und der lebensfeldbezogenen Ebene einnehmen muss.

<u>Gesellschaftlicher Umgang mit dem Thema Behinderung</u>
Im Rahmen der Auseinandersetzung mit Pflegeeltern, die ein Pflegekind mit Behinderung und/oder chronischer Erkrankung aufgenommen haben, muss man konstatieren, dass das Alltagserleben der betroffenen Personen zuweilen weit von den politisch geforderten Vorgaben zum Umgang mit und Verständnis von Behinderung entfernt liegt. Die weit über einzelne Vorfälle hinausreichenden Erlebnisse von Missachtung, Ignoranz, Intoleranz und Diskriminierung, denen die Pflegeeltern und die Pflegekinder auf allen Ebenen gesellschaftlichen Lebens begegnen, zeigen die Notwendigkeit zur weiteren Verbesserung der Lebensbedingungen und der Teilhabechancen für Menschen mit Behinderungen. Hinsichtlich der Betreuung von Kindern mit Behinderung und/oder chronischer Erkrankung in einer Pflegefamilie kann der Hinweis gegeben werden, dass die Entwicklungsbedingungen der Kinder aufgrund des hohen Engagements der Pflegeeltern und der daraus resultierenden breiten individuellen Förderung herausragend sind. Nach meinem persönlichen Eindruck investieren die Pflegeeltern in einem Ausmaß Zeit, Liebe und Geld in die Pflegekinder, wie es im Rahmen keiner anderen Betreuungsform denkbar wäre.

4.2　Ausblick auf die Dissertation

Während der Arbeit an dieser Untersuchung hat sich bei mir der Gedanke gefestigt, hierauf aufbauend eine Dissertation zu entwickeln. Um dieses Ziel zu realisieren, wurde eine konkrete Planung zukünftig notwendiger Arbeitsschritte entworfen. Auch wenn die Überlegungen noch nicht abgeschlossen sind, werde ich den bisherigen Entwurf nachfolgend festhalten. Die geplanten Arbeitsschritte beziehen sich – unter Berücksichtigung der dieser Arbeit zugrunde liegenden Reihenfolge – auf Erweiterungen des Theorieteils, des methodischen Zugangs sowie der Reichweite der Ergebnisse.

Erweiterung des Theorieteils
Ein wesentlicher Anteil wird in der Darstellung des aktuellen Standes der Forschung zum Aufwachsen in Pflegefamilien liegen. Dabei sollen die Wissensbestände aus sozialpädagogisch relevanten Untersuchungen zusammengetragen werden, die Pflegemütter und/oder Pflegeväter fokussieren. Außerdem sollen die unterschiedlichen Formen und die allgemeine Bedeutung von Pflegefamilien im Spiegel gesellschaftshistorischer Veränderungen und deren spezifische Bedeutung für die Fremdbetreuung von Kindern mit einer Behinderung erfasst werden. Die Arbeit wird darüber hinaus die Schnittstellen zu weiteren Debatten hinsichtlich sozialer Elternschaft kennzeichnen.

Wie bereits angedeutet, muss die Bearbeitung im Rahmen dieser Arbeit als erster von zwei Schritten zur Entwicklung eines dynamischen Modells verstanden werden.[176] Die Wissensbestände, die sich aus meiner bisherigen Untersuchung ableiten lassen, beziehen sich auf ein statisches Kategoriensystem, welches die Belastungen und Ressourcen von Pflegeeltern erfassen kann. Dieses Kategoriensystem soll zukünftig um Aspekte dynamischer Wechselwirkungsmechanismen und Interdependenzen erweitert werden.
Es sollen die Fragen beantwortet werden:

- Welche Dynamiken entwickeln sich zwischen den einzelnen Ressourcen und zwischen den einzelnen Belastungen?
- Welche Dynamiken sind zwischen den Ressourcen und Belastungen bedeutsam?
- Welche Dynamiken wirken zwischen den drei Ebenen (Intrapersonale Ebene, Lebensfeld, gesellschaftlicher Kontext)?

---

[176] vgl. Kapitel 2.1: Untersuchungsdesign

Ein weiteres Ziel liegt darin, auch weitere allgemeine Erklärungsmodelle zu entwickeln, die über die Fokussierung pflegefamilienspezifischer Themen hinausgeht. So lassen sich im Rahmen meiner Untersuchung auch allgemeine Erkenntnisse über das Zusammenwirken von individuellen Deutungsmustern, Sinnkonstruktionen und Bewältigungsstrategien von Personen ableiten, die im gesellschaftshistorischen Kontext der Postmoderne nach verlässlichen und beständigen Antworten und Konzepten suchen. Diese allgemeinen Elemente sollen im Sinne einer theoriegeleiteten Wissensproduktion auch zukünftig fortgesetzt werden.

Erweiterung des methodischen Zugangs
Der methodische Zugang ins Untersuchungsfeld wird mittels Methodentriangulation deutlich erweitert. Dazu gehören weitere qualitative Untersuchungselemente:

- themenspezifische Gruppendiskussionen mit Pflegeeltern
- themenzentrierte Einzelinterviews mit Pflegevätern und Pflegemüttern
- Netzwerkkarten, die von den Pflegeeltern ausgefüllt werden
- ExpertInnengespräche mit MitarbeiterInnen des begleitenden sozialen Fachdienstes
- Teilnehmende Beobachtung an Pflegefamilienwochenenden

Durch die Entwicklung und Auswertung eines Fragebogens, den Pflegeeltern ausfüllen sollen, die durch den sozialen Fachdienst der Diakonie Düsseldorf betreut werden, erfolgt außerdem eine Erweiterung der Untersuchung um ein quantitatives Untersuchungselement. Ziel ist dabei eine Totalerhebung der in der in dieser Arbeit skizzierten Untersuchungsgruppe.

Erweiterung der Reichweite der Ergebnisse
Das Spektrum der bisherigen Untersuchung wird durch die weitere Analyse von kontrastiv ausgewählten Einzelfällen vergrößert. Dafür wird das in dieser Arbeit erstellte Kategoriensystem weiterentwickelt und entsprechend modifiziert. Auf dieser Grundlage sollen dann Typologien von Pflegefamilien analysiert und dementsprechende Thesen abgeleitet werden.

Neben der Theoriegewinnung soll die Dissertation auch einen Beitrag zur praxisrelevanten Auswertung der Untersuchungsdaten enthalten. Dabei soll die Anwendbarkeit der Belastungs- und Ressourcenkarten geprüft werden. Zum jetzigen Zeitpunkt ist eine auf die unterschiedlichen Phasen eines Pflegeverhältnisses bezogene Themenauswahl denkbar. Solche pflegefamilienspezifischen Themen lassen sich vermutlich hinsichtlich ihrer emotionalen und kognitiven Schwerpunkte auswerten und gegebenenfalls im Rahmen von selbstreflexiven und fachlichen Fortbildungen vermitteln. Adressaten der Ergebnisse könnten sowohl Pflegeeltern als auch MitarbeiterInnen von Pflegekinderdiensten und anderen sozialen Fachdiensten sein.

Anhang

Literaturverzeichnis

Arnold, Rolf (1983):
  Deutungsmuster. Zu den Bedeutungselementen sowie den theoretischen und methodologischen Bezügen eines Begriffs. In: Zeitschrift für Pädagogik; 29. Jg.; 1983; Nr.6; S.893-912

Arnold, Rolf (1985):
  Deutungsmuster und pädagogisches Handeln in der Erwachsenenbildung. Aspekte einer Sozialpsychologie der Erwachsenenbildung und einer erwachsenenpädagogischen Handlungstheorie. Bad Heilbrunn/Obb. Verlag Julius Klinkhardt.

Arnold, Rolf (2005):
  Die emotionale Konstruktion der Wirklichkeit. Beiträge zu einer emotionspädagogischen Erwachsenenbildung. Hohengehren: Schneider Verlag

Arnold, Rolf (2006):
  Die Verschränkung der Blicke. Konstruktivistische Erwachsenenbildung im Dialog. Hohengehren: Schneider Verlag.

Benzies, Karen; **Mychasiuk**, Richelle (2009)
  Fostering family resiliency. A review of the key protective factors. In: Child & Family Social Work. Volume 14, Issue 1, p.103-114.

Binnenberg, Karl (1979):
  Pädagogische Fallstudien. Ein Plädoyer für das Verfahren der Kasuistik in der Pädagogik. In: Zeitschrift für Pädagogik, S. 395-402.

Blandow, Jürgen (2008):
  Evaluation der sonderpädagogischen Vollzeitpflege sowie der gleichgestellten Pflegeverhältnisse bei der PiB Pflegekinder in Bremen gGmbH (Stand 1.4.-1.5.2008; nicht veröffentlichtes Manuskript)

Böhnisch, Lothar (2008):
Sozialpädagogik der Lebensalter. 5., überarb. Aufl. Weinheim: Juventa-Verl. (Grundlagentexte Pädagogik).

Braukmann, Walter; **Filipp**, Sigrun-Heide (1984):
Strategien und Techniken der Lebensbewältigung. In: Baumann, U./ Berbalk, H./ Seidenstücker, G. (Hrsg) „Klinische Psychologie. Trends in Forschung und Praxis", Bd. 6 Huber, Bern, S. 52-87

Eppel, Heidi (2007):
Stress als Risiko und Chance. 1.Aufl. Stuttgart: Kohlhammer

Fatke, Reinhard (1995):
Fallstudien in der Pädagogik. In: Zeitschrift für Pädagogik, H. 5, S. 675-680

Filipp, Sigrun-Heide; **Aymanns**, Peter (2010):
Kritische Lebensereignisse und Lebenskrisen. Vom Umgang mit den Schattenseiten des Lebens. 1. Aufl. Stuttgart: Kohlhammer.

Flick, Uwe (2006):
Qualitative Sozialforschung. Eine Einführung. 4. Aufl., vollst. überarb. und erw. Neuausg. Reinbek bei Hamburg: Rowohlt-Taschenbuch-Verlag.

Friebertshäuser, Barbara (1997):
Interviewtechniken – ein Überblick. In: Friebertshäuser, Barbara (1997): Handbuch qualitative Forschungsmethoden in der Erziehungswissenschaft. Weinheim: Juventa-Verlag. S.371-395

Glinka, Hans Jürgen (1998):
Das narrative Interview. Weinheim: Juventa-Verlag. (Edition soziale Arbeit).

Goffman, Erving (1980):
Rahmen-Analyse. Ein Versuch über die Organisation von Alltagserfahrungen. Frankfurt am Main

Goffman, Erving (2010):
Wir alle spielen Theater. Ungekürzte Taschenbuchausg., 8. Aufl. München: Piper.

Henderson, Nan; **Milstein**, Mike M. (2002):
Resiliency in Schools. Making It Happen for Students and Educators. Corwin Print Inc.

Hildenbrand, Bruno (2002):
Der abwesende Vater als strukturelle Herausforderung in der familialen Sozialisation. In: Walter, Heinz (2002): Männer als Väter. Gießen: Psychosozial-Verlag. (Reihe "Forschung psychosozial"). S.743-782

Huinink, Johannes; **Schröder**, Torsten (2008):
Sozialstruktur Deutschlands. Konstanz: UVK-Verl.-Ges.

Jakob, Gisela (1997):
Rekonstruktive Sozialpädagogik. Weinheim: Juventa-Verlag. (Edition soziale Arbeit).

Jakob, Gisela (1998):
Forschendes Lernen – Lernendes Forschen. Rekonstruktive Forschungsmethoden und pädagogisches Handeln in der Ausbildung. In: Rauschenbach, Thomas; Thole, Werner (1998): Sozialpädagogische Forschung. Gegenstand und Funktionen, Bereiche und Methoden. Weinheim und München: Juventa Verlag. S.199-224

Jakob, Gisela (2003):
Das narrative Interview in der Biographieforschung. In: Friebertshäuser, Barbara; Prengel, Annedore (2003): Handbuch Qualitative Forschungsmethoden in der Erziehungswissenschaft. Weinheim und München: Juventa. S.219-243

Jespersen, Andy (2011)
Belastungen und Ressourcen von Pflegeeltern. Analyse eines Pflegeeltern-Onlineforums. ZPE-Schriftenreihe 29; Universität Siegen

Keupp, Heiner u.a. (2008):
Identitätskonstruktionen. Das Patchwork der Identitäten in der Spätmoderne. Reinbeck bei Hamburg: Rohwolt Taschenbuch Verlag GmbH.

Layder, Derek (1993):
New strategies in social research. An introduction and guide. Cambridge UK, Cambridge MA USA: Polity Press; Blackwell Publishers.

Lenz, Karl (1986):
Alltagswelten von Jugendlichen. Frankfurt: Campus-Verlag.

Mayring, Philipp (2002):
Einführung in die qualitative Sozialforschung. 5. Aufl. Weinheim: Beltz (Beltz Studium : Erziehung und Bildung).

Oevermann et al. (1976):
Beobachtungen zur Struktur der sozialisatorischen Interaktion. In: Auwärter/Kirsch/Schröter (Hrsg.) 1976: Seminar: Kommunikation, Interaktion, Identität. Frankfurt/Main; S. 371-403

Oevermann, Ulrich (2001):
Zur Analyse der Struktur von sozialen Deutungsmustern. (1973) In: Sozialer Sinn, Heft 1/2001, S. 3-33
Online verfügbar unter:
http://www.agoh.de/cms/de/downloads/uebersicht.html?func=fileinfo&id=57; zugegriffen am 09.11.2010

Pensé, David (1994):
Lebenswelt und Deutungsmuster. Münster: Lit (Soziale Ungleichheit und Benachteiligung, 4).

Reinders, Heinz (2005):
Qualitative Interviews mit Jugendlichen führen. München: Oldenbourg.

Rohrmann, Albrecht / **Schädler**, Johannes (2008):
Von der Anstaltsfürsorge zur Assistenz. Soziale Dienste im Feld der Unterstützung von Menschen mit Behinderungen. In: Olk, Thomas / Evers, Adalbert (Hrsg.): Handbuch der Sozialen Arbeit (im Erscheinen)

Rosenthal, Gabriele (2008):
Interpretative Sozialforschung. Eine Einführung. 2., korrigierte Aufl. Weinheim: Juventa-Verl. (Grundlagentexte Soziologie).

Schofield, Gillian; **Wards**, Emma (2010):
Understanding and Working With Parents of Children in Long-term Foster Care. Jessica Kingsley Publishers.

Schütze, Fritz (1983):
Biographieforschung und narratives Interview. In: Neue Praxis, 13. Jg., H. 3, S. 283-294

Steinert, Heinz (1972):
Die Strategien sozialen Handelns. München: Juventa-Verlag.

Strauss, Anselm L.; **Corbin**, Juliet M. (1996):
Grounded theory. Weinheim: Beltz Psychologie-Verl.-Union.

Strübing, Jörg (2004):
Grounded theory. 1. Aufl. Wiesbaden: VS Verlag für Sozialwissenschaften. (Qualitative Sozialforschung, 15).

Thole, Werner (2005):
Grundriss soziale Arbeit. 2., überarb. und aktualisierte Aufl. Wiesbaden: VS Verlag für Sozialwissenschaften.

Voß, Gerd-Günther (1984):
Soziale Deutungsmuster als relativ autonome generative Tiefenstrukturen des Bewusstseins. In: Gerd-Günther Voß (1984): Bewusstsein ohne Subjekt? Eine Kritik des industriesoziologischen Bewusstseinsbegriffs. Großhesselohe, S.265-291

Werner, Emmy E.; **Bierman**, Jessie M.; **French**, Fern E. (1971):
The children of Kauai. A longitudinal study from the prenatal period to age ten. Honolulu: University of Hawaii Press.

Wolf, Klaus (1999):
Machtprozesse in der Heimerziehung. Münster: Votum (Forschung & Praxis in der sozialen Arbeit, 2).

Wolf, Klaus (2003):
Sozialpädagogische Interventionen. In: Lauermann, Karin/ Knapp, Gerald (Hg.) (2003): Sozialpädagogik in Österreich: Perspektiven in Theorie und Praxis. Klagenfurt: Hermagoras Verlag. S.92-105

Wolf, Klaus (2007):
>   *Die Belastungs-Ressourcen-Balance.* In: Kruse, Elke; Tegeler, Evelyn (Hg.): Weibliche und männliche Entwürfe des Sozialen. Wohlfahrtsgeschichte im Spiegel der Genderforschung. Opladen & Farmington (Verlag Barbara Budrich) S. 281–292

Wolf, Klaus; **Reimer**, Daniela (2008):
>   *Belastungen und Ressourcen im biografischen Verlauf: Zur Entwicklung von Pflegekindern.* In: Zeitschrift für Sozialpädagogik 2008; Heft 3, S. 226-257

Wustmann, Corina (2008):
>   *Resilienz. Widerstandsfähigkeit von Kindern in Tageseinrichtungen stärken. Beiträge zur Bildungsqualität.* Weinheim und Basel: Beltz Verlag.

Internetquellen

Informationen eines Internetportals zum Thema Pflegekinder und Adoption

http://www.moses-online.de/
http://www.moses-online.de/nachrichten/2009_06_24/unterbringung-behinderter-kinder-pflegefamilien-sgb-xii-moeglich

Informationen zu den Arbeiten der Forschungsgruppe Pflegekinder

http://www.uni-siegen.de/pflegekinder-forschung/forschungsprojekte.html
http://www.uni-siegen.de/pflegekinder-forschung/literatur.html
http://www.uni-siegen.de/ressource-pflegeeltern/

Informationen zum zentralen Fachdienst für Pflegekinder mit chronischen Erkrankungen und Behinderungen der Diakonie Düsseldorf

http://www.diakonie-duesseldorf.de/Pflegefamilien-fuer-behinderte-K.60.0.html

Übereinkommen der Vereinten Nationen über die Rechte von Menschen mit Behinderungen

http://www.bmas.de/portal/25970/2008__04__30__rechte__von__menschen__mit__behinderungen.html
http://www.bmas.de/portal/41692/a729__un__konvention.html

Abbildungsverzeichnis

Tabellen:
Tabelle 1: Drei-Ebenen-Tabelle

Landkarten:
Karte 1: Belastungen-Übersicht
Karte 2: Intrapersonale Belastungen
Karte 3: Lebensfeld Belastungen
Karte 4: Gesellschaftlicher Kontext Belastungen
Karte 5: Belastungen Vollständig
Karte 6: Ressourcen-Übersicht
Karte 7: Intrapersonale Ressourcen
Karte 8: Lebensfeld Ressourcen
Karte 9: Gesellschaftlicher Kontext Ressourcen
Karte 10: Ressourcen Vollständig

Modell
Modell 1: Schaubild zum Zusammenhang der verwendeten Begrifflichkeiten
Modell 2: Erweitertes Schaubild zum Zusammenhang der verwendeten Begrifflichkeiten

Buchempfehlung

Wie kann man herausfinden, welche Probleme Pflegeeltern zu bewältigen haben und was sie bei der Bewältigung als hilfreich erleben?

Andy Jespersen hat die Diskussionen in einem sehr aktiven Onlineforum beobachtet. Dort äußern und beraten sich Pflegeeltern untereinander. Wenn ihnen etwas auf dem Herzen liegt, gehen sie zum Computer und teilen mit, was sie gerade erlebt haben, welche Ereignisse sie stark beschäftigen und was sie dazu denken und fühlen - oft in einer sehr lebendigen Sprache, emotional, klug und authentisch.

Das Ergebnis sind zwei hoch differenzierte Kategoriensysteme - „Landkarten", eine der Belastungen, Probleme und Aufgaben und eine der Ressourcen, Hilfen und Unterstützungen. Er führt seine Leser anhand von anschaulichen Originalzitaten durch das zunächst unübersichtliche, mit Hilfe der Karten aber strukturierte Feld. So entsteht ein komplexer Blick über und in beide Felder.

Andy Jespersen, geb. 1985, BA Sozialarbeiter, ist Masterstudent an der Universität Siegen im Studiengang Bildung und Soziale Arbeit und als Mitglied der „Forschungsgruppe Pflegekinder" in unterschiedliche Forschungsprojekte am Lehrstuhl von Prof. Dr. Klaus Wolf eingebunden.

Andy Jespersen
Belastungen und Ressourcen von Pflegeeltern.
Analyse eines Pflegeeltern-Onlineforums

ZPE-Schriftenreihe Nr. 29

ISBN: 978-3-934963-26-9

erhältlich über: www.uni-siegen.de/zpe/publikationen